張恆 著

超「晉」爆晉國史！

從剪桐封國到獨霸一方，
開啟晉國金戈鐵馬的斑斕史詩！

流亡重耳 × 霸業復興 × 孤兒傳奇 × 亡國靡音

晉文公死後還想領兵打仗？趙氏孤兒的原型與背景為何？
史料記載可以盡信嗎？三家分晉是怎麼個分法？

從史筆窺真相、世俗解讀反思考、脈絡解讀史實……
春秋晉國的歷史，得用春秋筆法來解釋！

目錄

目錄

第三篇　蕭牆禍起．震盪經年

第四篇　艱難玉成．鯤鵬待飛

第五篇　霸業偉烈．鴻圖大展

第六篇　國威猶在・君臣火拚

第七篇　勢運進退・贏輸交迭

目錄

第十一篇　君權旁落．豪卿纏鬥

第十二篇　尾聲駭然．三家分國

目錄

前言

風華絕塵　晉魂未央

在山西歷史的漫漫長河中，遠古的晉國可以說是一道最為耀眼的波浪。從流傳的西周初年，那個「桐葉封弟」的趣語為發端，周成王之弟唐叔虞立國「唐」地，其子燮父正式定名為「晉」。此後兩百多年，晉國在西周數十個諸侯國中，算不上領先，史跡闕如。再而後，從《左傳》開篇的魯隱公元年——即西元前七二二年起，約五十年記載的內容中，涉及晉國的也寥寥無幾，遠較齊、鄭乃至衛、宋、楚等國為少。到了西元前六七七年，晉國崛起的先河人物晉武公離世，繼位的晉獻公整頓內政，壯大武裝，二十六年間，「並國十七，服國三十八」，滅掉不少小國，使晉國版圖不斷擴張，奠定晉國走向強盛的穩固基礎，《左傳》中關於晉國的內容開始大增。再過二十年，晉文公率軍擊敗楚國「一戰而霸」。此後的百餘年，縱然有些起起伏伏，但晉國始終擁有雄視中原的實力。春秋時期著名的「城濮之戰」、「崤之戰」、「鞌（鞍）之戰」三戰，晉國皆為勝者，若再加上「邲之戰」、「鄢陵之戰」兩戰，也是四勝一敗，其他中小戰事幾乎鮮有敗績。所以，晉國自然而然躍升為時代舞臺的主角，也成為《左傳》記事的首要。最終，在其全書約十九萬六千八百字中，關乎晉國的內容達十萬字以上。而另一部二十一卷九萬兩千五百字的《國語》中，〈晉語〉也獨占九卷，近四萬字。先輩史家苦心孤詣的修撰、淋漓盡致的鋪排，為晉國留下一段段搖曳生姿的真切描敘，構成先秦史籍中膾炙人口的篇章。之後的《史記》，晉國雖僅為「世家」之一，卻也為其添補了一些難得的華麗情節。

千百年來，春秋故事世代相傳，晉國的亮點當然不少。漢代的畫像、石刻中，就已經有所反映，後來的詩文也多有涉及。到北宋時，商業經濟發達，「瓦舍、勾欄」—— 即聚集各類演出場所的遊樂園區 —— 開始出現，說書藝術流行，大為繁盛，「講史」就是其中的重要部分，春秋故事則屬於不可或缺的環節。但多數只能口頭傳承，僅元代所刻《全相平話五種》存留少許「話本」資料。到明代萬曆年間，首部專述春秋及戰國故事的雛形之作《列國志傳》面世，再經演義小說名家馮夢龍擴展、充實，並吸納些許傳說素材，著成總計一百零八回的《新列國志》。清代乾隆時期，學者蔡元放又對該書稍作修飾，並加序與評注等，定名《東周列國志》，成為流行數百年的著名讀物。在該書講述春秋階段的第一回至第八十五回中，有四成以上的篇幅，均以晉國為主。此後，許多故事更加普遍地深入民間，這就大大推進了歷史內容的通俗化流傳，也成為市井里巷、田間地邊的平頭百姓，乃至士子官紳津津樂道的閒暇話題。

我自己，就是在童年時期聆聽成人侃談之際，知道了這些故事的一鱗半爪，並對遠逝的山西前賢金戈鐵馬的征戰、你死我活的廝鬥，充滿懵懵懂懂的好奇。進入中學後，我開始閱讀中國的古典演義小說，儘管多半是囫圇吞棗、浮光掠影，卻也為我後來的學業選擇與職業訴求提供了路徑啟迪。但是，在忝執教席的數十年中，由於學術專業的某些差距，我從未想過撰寫一本介紹晉國歷史的書籍。

直到二〇一〇年，承蒙學校垂愛，已經退休的我，被列為線上教學的教師之一，講授題目即為「風雲晉國」。於是，我欣然領命，樂此不疲，迅速調集自己的知識線索，勉力蒐羅相關史實，擬出兩萬餘字的講稿，製作一百多頁投影教材。最終，獲得聽講者的普遍好評，又舉辦了線上、線下共數十次講座。可以說，這是我步入古稀之年後，為傳揚山西傲人的早期歷史，所做出的第一次微薄貢獻。

此次工作的成效大大激勵我，兩年多的教學相長，也使我對這段驚心動魄、斑駁陸離的往昔，增添更多敬畏及嘆惋，對其中的是非得失、成敗利鈍以至後世的褒貶臧否，也有了更客觀的審視與更深刻的思考，進而悟得某些迥異舊說、絕非因襲他人的另類認知。正是基於這樣的前提，我萌生了將其擴展成書的念頭。經由斷續數年的筆耕，又經徵求相關專家意見後的修改，這本共計十二篇七十二節的著作終於得以面世。

前言

關於晉國的書籍，史學著作良莠不齊，陽春白雪與「南郭」吹竽者兼而有之。晉國歷史的整體敘事之作不多，卻也瑕瑜互見，而見於網路的某些粗製濫造的文字，更難免謬種流傳，以訛傳訛，大大影響三晉文化的高品質弘揚。有鑑於此，我就越發渴望自己的書應該是本深入淺出、講述生動的書；一本學術依據確實、可靠，又能盡量為讀者群提供高品質的書。這樣的書，不是拘泥典籍、考證細末的艱深大著，也不是扭曲史乘、恣意扯談的無稽戲說，而必須是一本取材精當、語言精練、結構清晰的書，一本別開生面、引人入勝且具有諸多獨立見地的書。

為此，我在寫作時，將所見古書中的晉國內容，均進行仔細的判別衡量、整理取棄，削減一些可有可無的枝蔓情節，捨棄過於引經據典的論說；當時人物的姓氏、名字與地名等，往往太多、太雜，我大致只取其一，某些不必要的人名、地名則隱去不提；史書記載有差異或後世有爭議者，也大都只取一說，不做囉唆解析。另外，每節皆擬出小標題，以期先聲奪人、點睛醒目，構成不呼喚讀者的旗幟。總之，我力求在自己的垂暮之年，能夠敬奉一本好讀、好看的書；一本與晉國相關的書籍中，經得起時間篩選、歲月淘洗的出色讀物。

如今，人類文明的畫卷正在不斷掀動著嶄新的頁面，日新月異的世界或許會出現更多的奇蹟。然而，那曾經出擊於三晉大地的千軍萬馬、血影刀光，那遙遙遠去的縱橫捭闔、脣槍舌劍、明爭暗鬥，那說不完的起落沉浮，道不盡的生死歌哭，理不清的是非成敗，卻彷彿一系列悲喜錯雜的浮雕，必將永遠閃爍在歷史的長廊。倘若，讀過拙著的朋友們，可以從中獲得一點愉悅，增添一點益處，熟悉一些山西早期歷史的簡要常識，引出一些新的思悟，或再激發幾許思古的幽情，則耄耋衰翁於願足矣。

最後，也歡迎各位讀者、各路方家，對拙著的失當、失誤之處，直言指正，不吝賜教！

張恆

二〇二一年七月二十四日

八秩生日寫就

前言

第一篇

剪桐封國．晉祚肇始

雄奇的黃河流水，浩浩蕩蕩，滾滾滔滔，從古老中華遙遠的西北腹地一路走來，又跨過肥腴豐饒的河套平原調頭南下，奔騰呼嘯，洶湧澎湃，在千轉百折的不屈不撓中，衝破一道道崇山峻嶺，從遼闊壯麗的黃土高原中部，裂開一條氣勢磅礡而又多彩多姿的金色水路。宛然巨龍般的長河，也為中華民族聳立起一尊萬古不朽、無與倫比的精神圖騰。

雄偉的太行群山，鬱鬱蔥蔥，莽莽蒼蒼，從幾十億年地殼運動的緩緩皺褶中隱隱隆升，推高層疊起伏的峰巒，劈出縱橫交織的溝壑，由北向南綿亙數百公里，變幻出無數鬼斧神工般的奇絕景觀。同時，又彷彿是在黃土高原外側的盡頭，為之鑲嵌了一縷凹凸錯落的微翹裙邊，也與瀕臨渤海、黃海的廣袤平原，劃定一條彷彿有稜有角的鮮明界線。

於是，就在黃河、太行之間，慷慨無私的大自然恩賜了這樣一方渾厚的天地。因其位於黃河之東，所以古代泛稱河東；因其位於太行之西，所以稱為山西；又因為如果駐足北方登高南望，太行之西就是太行之右，所以也雅稱山右。倘若將山西的平面版圖淩空掃視，那麼黃河就是其西陲的屏障，太行就是其東廂的倚靠。於是，就在這山西最美好的南部原野，今日臨汾市襄汾縣及其左近，十萬年前的「丁村人」即已點燃人類遠古文明的熊熊篝火，四千多年前以「陶寺遺址」為中心的部落聯盟，已成功地托出一卷或許就是唐堯虞舜時期社會生活的迷離畫卷。

於是，也就是在這一帶，拉開了春秋時期的超級強國——晉國歷史的精彩序幕。

一　趣味化的史籍記載與柳宗元的異見

晉國歷史發端的最早說法，就是那個有點趣味化的故事——「桐葉封弟」。據司馬遷《史記．晉世家》記載：

武王崩，成王立，唐有亂，周公誅滅唐。成王與叔虞戲，削桐葉為珪以與叔虞，曰：「以此封若。」史佚因請擇日立叔虞。成王曰：「吾與之戲爾。」史佚曰：「天子無戲言。言則史書之，禮成之，樂歌之。」於是遂封叔虞於唐。

這段話所牽涉的相關背景是：周文王姬昌之子周武王姬發，舉兵討伐殷紂王獲勝，滅掉殷商，建立周王朝，定都鎬京，在今陝西西安市長安區，史稱西周。此後四年左右，武王故世，其子周成王姬誦繼位，成王叔父、文王第四子，即周公姬旦秉政輔佐。不久，「唐」地發生叛亂，被周公用武力平定。於是，某日成王與小弟叔虞遊戲時，將一片桐葉削成天子御用玉質禮器「珪」的模樣，遞給叔虞，並說要把「唐」地封給他。「史佚」——即記史之官——聽罷，就請成王選擇吉日宣布。成王回答，我只是和他鬧著玩啊！「史佚」卻鄭重表示，天子不能隨便開玩笑，既然說出口，就必須書入史冊，舉行禮樂大典、隆重兌現。於是，成王只好弄假成真，將叔虞封到「唐」地，所以史家也稱其為唐叔虞。

當然，唐叔虞並不姓唐，實乃姓姬名虞。而「叔」則是古代兄弟的排行稱謂，按照伯、仲、叔、季的序列，叔虞應該是武王較小的兒子、成王的同母胞弟。他們的母親，就是那位協助武王「治內」有方的賢慧王后、西周開國謀臣姜尚（姜太公）的女兒邑姜。

據載，邑姜妊娠時曾夢見天帝命伊生子「曰『虞』」，「及生」果然其手有文像個「虞」字，故以此字為名。又稱邑姜為了「胎教」腹中的孩兒，妊娠期間「立而不跂，坐而不差，獨處而不倨，雖怒而不詈」，意即站著不踮腳尖，坐著不扭腰身，一人獨處也不亂伸腿腳，縱然發怒也不出口罵人，竭力保持舉止沉穩、心態平和。所以，數千年來，邑姜一直被歷代貴冑階層津津樂道，並將其奉為謹守婦道的楷模。

「桐葉封弟」的故事，在戰國末期秦國丞相呂不韋主持編纂的《呂氏春秋》中，已經有最早的版本。只是那個以「天子無戲言」敦促成王的人並非「史佚」，而是周公，且盛讚周公「善說」，能教育成王「重言」守諾，保持「王室之固」，是位聖人，後世也多因襲此論。但是，「唐宋八大家」之一、晉籍文豪柳宗元，卻對此持否定態度，並撰寫一篇闡述異見的妙文〈桐葉封弟辨〉正本清源。文章開宗明義即對「天子無戲言」之說表示「吾意不然」，繼而寫道：

王之弟當封邪，周公宜以時言於王，不待其戲而賀以成之也。不當封邪，周公乃成其不中之戲，以地以人與小弱者為之主，其得為聖乎？且周公以王之言不可苟焉而已，必從而成之邪？設有不幸，王以桐葉戲婦寺，亦將舉而從之乎？凡王者之德，在行之何若。設未得其當，雖十易之不為病；要於其當，不可使易也，而況以其戲乎？若戲而必行之，是周公教王遂過也。吾意周公輔成王，宜以道，從容優樂，要歸之大中而已，必不逢其失而為之辭。又不當束縛之，馳驟之，使若牛馬然，急則敗矣。且家人父子尚不能以此自克，況號為君臣者邪！

大意是：成王之弟叔虞如果理當受封，周公就應該及時奏報辦理，不能等到天子戲耍時才借機促成；叔虞如果不能受封，周公卻曲意附和天子，將大片土地與百姓交給年幼無知的小弟，怎能算是聖人呢？且周公認為天子之言不得敷衍、務必執行，那麼假設有朝一日，天子拿著桐葉與宮中的婦女或太監開玩笑，難道也要遵從嗎？君王之德，關鍵在行為如何，若有不妥，即使變動十次也不算是問題，只有完全恰當，才不得改易，更何況一句戲言呢？要是連戲言都必須實施，周公無異於是在教唆君王犯錯。所以，我覺得周公輔助成王，應該佐之以道，使其遊樂嬉笑均合乎禮儀、分寸得體，而不能逢迎其過失、迫其照辦，更不能對少年天子橫加管束、任意馳逐，驅使得彷彿牛馬一般，如此急於求成，反而敗事。即使是家人、父子之間，也不能這樣擺布，何況君臣呢？

柳宗元此文，僅僅三百餘字，但見識睿智，辨析嚴謹，有條不紊，鞭辟入裡，是一篇極為精彩的駁論佳作，遂被選入著名的文言讀本《古文觀止》，被後人稱道不已。不過，作者在文章最後，還是補充這樣一句話，稱此等事體只有「小丈夫缺缺者」，也就是耍小聰明的小男人，才做得出來，恐非周公這種賢臣「所宜用」，「故不可信」，在微帶調侃的語氣中，多少替這位儒家尊崇的超級聖人留了一點面子。

二　「三監」叛亂的平定與叔虞的高規格受封

「桐葉封弟」的故事，其他典籍中也有類似的記載。大同小異的版本，都不免有些演義的性質，但叔虞受封於「唐」，卻是確鑿無疑的史實。

西周初年，為了更有效地鞏固大統，穩定四方，掌控廣袤疆域，防範敵對勢力作亂，統治者曾經多次給同姓親族、宗室子弟、功臣良將，乃至歸順的前朝王族等「授土授民」，分別封派到四方，建立可以世代相傳的小國。希望憑藉血緣之情及忠誠事君者控制地域所連結的紐帶關係，編織足以拱衛周王朝都城鎬京安全、維護周天子統治的網狀「藩屏」格局，以保障政權的永續綿延。在當時交通不便的情況下，這不失為明智之舉。具體爵位等級有「公、侯、伯、子、男」一說，但最初封為「公」者甚少，「侯」幾乎已是可以獲封的最高等級，故史稱「分封諸侯」。分封數量據《左傳》記載，僅周天子兄弟與姬姓貴族就有五十五國；《荀子》中則有封七十一國，「姬姓獨居」五十三個的說法。實際數字或許還不止於此，如《呂氏春秋》所言：「周之所封四百餘，服國八百餘」，也未必就是過甚其詞。

「分封諸侯」的初衷既然如此明確，那麼與成王同母的胞弟叔虞，無疑應該是受封的優先人選。按照二十世紀末中國的史學研究「夏商周斷代工程」所發布的〈夏商周年表〉，周武王討伐紂王、滅掉殷商的時間，是西元前一〇四六年，周成王則繼位於西元前一〇四二年。不過，這個觀點雖被不少書籍採納，學術界卻存在著諸多質疑及不同說法。但無論如何，叔虞受封的時間應該在成王繼位之後。

那麼，叔虞受封的「唐」又在何處？《史記．晉世家》中稱，「唐在河、汾之東，方百里」。「河」就是黃河，「汾」是縱貫山西境內黃河的最大支流汾水。不少學者認為，這個黃河、汾水之東的「方百里」所在，就是今天山西南部的翼城、曲沃一帶。因其屬於唐堯時期的舊地而得名，還曾是夏朝故墟、殷商時期有著少數民族聚居的一個相對獨立的小小方國。

周武王滅掉殷商後，為了安撫遺民舊族，將其宗廟繼續保留，並將大約位於今河南淇縣的紂王故都朝歌改名殷都，仍舊分封給紂王之子武庚掌管，同時又將自己的三個弟弟管叔、蔡叔、霍叔分封到朝歌周邊，用以監視武庚，史稱「三監」。但武王故世、成王繼位後，「三監」懷疑輔政的周公動機不純，「將不利於成王」，而周公之兄、年歲最長的管叔，或許也有奪權的圖謀，於是與蔡叔、霍叔一道，並串聯武庚共同發起叛亂，有些小國也相繼跟進，「唐」就是其中之一。為此，周公舉兵東征，最終擒獲「三監」，管叔被殺、蔡叔流放、霍叔遭貶、武庚身敗而亡，有被殺與自殺兩說。周公仍遵循當時「滅國不絕祀」的慣例，以成王名義授命武庚的伯父、未參與造反的微子啟承繼殷商宗廟，分封於「宋」，即今河南商丘一帶，成為宋國始祖。繼而，周公為了強化中原地區的統治，就在今河南洛陽地區營建東都雒邑，也名成周，原都城鎬京則別名為宗周。

鑑於「唐」參與叛亂，故被周公「誅滅」，因此需要重新分封。而這片天地，自然環境優越，土質肥沃，農耕便利，物產豐盈，經濟乃至軍事意義，均非等閒。有史料言，成王繼位時可能已有十三歲，叔虞受封約在成王十年，如此推算，當時至少也十八、九歲了。且叔虞品行美好，「有令德」，兼之勇武「善射」，曾經「射兕於徒林，殪以為大甲」，即親手射殺過犀牛，製成一套大鎧甲。而在後世出土的青銅器「晉公盤」銘文中，甚至有叔虞曾「膺受大命，左右武王」，輔助其父「骰畏百蠻，廣辟四方」等讚頌字樣。所以，成王將如此傑出的胞弟分封到「唐」，使其坐鎮要地，就絕不可能導源於一次輕率的兒戲，應該有更為深遠的戰略性考量。

據《左傳》記載：叔虞受封時，成王給他規格很高的待遇，曾「分唐叔以大路，密須之鼓，闕鞏、沽洗，懷姓九宗，職官五正。命以〈唐誥〉而封於夏墟，啟以夏政，疆以戎索」。就是說，成王曾賜給叔虞幾乎與天子乘駕相仿的「大路」豪車，還有周文王閱兵時的「密須」巨鼓，武王討伐紂王所用的「闕鞏」皮甲以及「沽洗」大鐘等，並為之配備足夠的宗親部族與官員部屬，頒發分封誥書，制定符合當地的治國綱領，「啟以夏政，疆以戎索」，即可以沿用夏朝的政治模式管理，遵從少數民族戎人的法度規劃疆土。顯然，成王對叔虞相當尊重，也寄託深厚的期望。一九八四年，曲沃曾出土過一尊高二十點六公分、口徑十七點六公分的青銅鼎器，內壁有銘文「成周」二字。有學者推斷，這尊「成周鼎」應該就是周天子在東都雒邑成周舉行大事後，賞賜諸侯的紀念物，而被叔虞帶回受封之地。

三　「晉」字國號的確立與「唐」地位置之爭

叔虞到達「唐」地後，果然不負王命，恭謹踐行，採取不少尊重傳統習俗、全力安撫民心的明智舉措，很快將這片剛剛經歷劫難的土地，治理得大有起色。不久，蒙「天降祉福」，生長出「異畝同穎」的莊禾，叔虞奉為吉兆，隨即敬獻成王，成王因而賦就〈饋禾〉一詩，命叔虞饋送給在江淮一帶遠征「東夷」的周公。周公得之，又賦〈嘉禾〉詩答謝成王，成為古代君臣唱和最早、也最具經典意義的佳話。有古人解釋，這種「嘉禾」，就是「各生一壟」卻「合為一穗」，也有「二苗共秀」、「一禾兩穗」等說法，總之是象徵社會太平、民生安定的「祥瑞」。今天看來，「嘉禾」肯定並非什麼「靈物」，很可能只是有些變異或碩大飽滿的穀穗。不過，這畢竟也反映出當時農業發展、五穀豐登的新興景象。

叔虞故世後，其子姬燮（也名燮父）繼位，不久改「唐」為「晉」，晉國的國號正式確立。可能正是此時，爵位等級才被周天子明確地定為「侯」，故史書開始稱其「晉侯」。燮父之所以變更國號，一種說法是因其將都城遷到晉水之濱，可能在今曲沃縣境的滏河支流金河附近。有史料稱，燮父還因「作宮而美」，即宮室過於豪華奢麗，受到繼承成王的周天子康王的責備。而「晉」字，從甲骨文、金文再到篆書來看，彷彿依託著太陽生長起來的作物，也好像兩個人追著太陽前行或在俯首敬拜太陽，所以東漢許慎的《說文解字》，將其解釋為「進」，「日出」而「萬物進」。後世還有說法，將其表示為唐叔虞向周成王進獻的雙穗「嘉禾」。由此推斷，燮父這樣定名，應該是懷有光大先父基業、期待國運昌隆、步步登高的美好冀望之舉。

燮父故世之後，其子姬寧族繼位。寧族故世後，開始有了謚號，謚曰武侯。武侯再傳成侯、厲侯、靖侯、釐侯、獻侯、穆侯，這幾位國君的具體事蹟，除了穆侯外，史書幾乎沒有任何記載。

然而，由於《史記・晉世家》中「唐在河、汾之東，方百里」並未實指地名，故「唐」具體在哪裡，千百年來認知一直有分歧。一個影響最大的觀點，是「唐」在晉陽，即今山西太原舊城外西南地區。東漢班固的《漢書・地理志》首先提出，後來如鄭玄、杜預、范曄等，直到近代，不少學者均予贊同。且一千五百多年前，地理學家酈道元《水經注》中，就有此處「際山枕水」，建「有唐叔虞祠」及「水側有涼堂，結飛梁於水上，左右雜樹交蔭」之類的描述。時至今日，當地以此祠為濫觴而不斷擴展起來的「晉祠」，依然被列入中國重要文物保護的知名景區。

可是，這個觀點也曾屢遭駁斥，其中最為明確的論述，來自明末清初的文史學大匠顧炎武。顧炎武在其百科巨著《日知錄》中，稱「晉之始見《春秋》，其都在翼」，具體位置「在絳州翼城縣西二十里」，「北距晉陽七百餘里」，別說當時就是「後世遷都亦遠不相及」；更「況霍山以北」原本「大部皆狄地，不屬於晉」，直到四百多年後，晉悼公時期「始開縣邑」，「前此不見於傳」，而且「晉陽在汾水之西」，與司馬遷所言「河、汾之東」並「不相合」，叔虞受封之「唐」怎麼可能在那裡呢？

顧炎武四十多歲即離開家鄉遊走北方，其間曾十多次出入山西，陸續居留七、八年，與傅山等三晉名士成為摯友，最後逝世於山西曲沃。在其故里江蘇昆山，有其畫像，題詞為「一代大儒，學貫天人，隱居求志，比跡河汾」。「比跡河汾」就是腳印接著腳印，踏遍黃河、汾水一帶，充分說明顧炎武與山西關係密切，也確實在這裡親身進行過地理、人文的仔細考察，對「唐」地的位置判斷，顯然更具說服力度。不過，由於缺乏足夠的考古證據支持，「唐」在晉陽之說依舊一直占據主流。而最終，因為發現了位於「曲村——天馬遺址」內的「晉侯墓地」，這個觀點才遭到顛覆性的否定。

四　「晉侯墓地」的驚奇發現證實了「唐」地所在

「曲村——天馬遺址」，一九六〇年代首先發現於山西翼城、曲沃兩縣接界的天馬、曲村等幾個自然村之間。在總面積十點六四平方公里範圍內，先後查明新石器時代中晚期以及西周、春秋戰國乃至秦、漢等一系列豐富的文化層，僅西周至戰國時期的墓葬即達六百餘座。所發掘的數百座墓葬中，已經出土不少青銅器、上千件陶器和數萬件玉、石、骨、貝、蚌、鉛等器物。一九九二年，就在遺址中部的北趙村附近，因為連續不斷的盜墓事件，而引起輿論關注。當地考古專家遂奉派緊急趕往當地進行搶救性保護，兩年多內，陸續挖掘清理出晉國早期國君的八組十七座墓葬，其中十座未曾遭盜，完好無損，震驚中外的「晉侯墓地」遂得以露出真容。

「晉侯墓地」墓葬均為男女異穴並列合葬，初步判定七組十五座為武侯、成侯、厲侯、靖侯、釐侯、獻侯、穆侯與夫人的墓葬，其中穆侯合葬著兩位夫人，另外一組有爭議，一說為文侯與夫人墓葬。墓葬均有殉葬車馬坑以及祭祀坑數十個，此外尚有陪葬的貴族墓葬與一般墓葬等。其時間間隔從西周中期至春秋初期，延續將近兩百年。

儘管這些墓葬曾遭到盜墓破壞，但仍屬迄今保存最好、資料最為完善、文化內涵最為豐厚的西周墓葬群落，也是中國考古史上首次發現的多代完整相接諸侯墓葬。墓葬氣勢恢宏，廣大威嚴，車馬坑、祭祀坑也皆洋洋大觀。最具代表性的獻侯車馬坑，東西二十一公尺，南北十五公尺，為相同歷史時期可見的最大車馬坑，有殉葬馬骨一百零三具，形制各異、功用不同的戰車六十多輛。如此雄奇威武的「車馬戰陣」，較之陝西秦始皇兵馬俑還早六、七百年。墓葬的蘊藏更是種類浩繁，斑駁陸離、尊貴豪華，出土後清理修復的全部文物，極精美的青銅器就有兩百八十餘件，其中有銘文者達八十一件之多，大小青銅器總計一萬兩千餘件，個個美輪美奐，瑰麗非凡，令人嘆為觀止，價值連城者比比皆是，為中國考古事業寫下了頗為驚奇的一頁。

如此眾多的西周諸侯墓葬，已是前所未有，堪稱奇觀。更可喜的是，二十一世紀開始的二〇〇〇年，又有兩座墓葬被發現，收穫尤為珍貴。成為中國山西博物院鎮館之寶、被列入國家禁止出國展覽文物目錄的著名「鳥尊」，即由此處出土。另一件「叔夨方鼎」，其銘文記敘了周成王在東都雒邑主持祭祖、禮成後賞賜叔夨服飾、車馬與貝幣等情節。有專家推定「叔夨」應即叔虞，此鼎是其為記此盛事所鑄。又鑑於「鳥尊」與同時出土的「豬尊」銘文中，均有「晉侯」字樣，墓葬還有一具此前所有墓葬均未有過的女性殉葬人骨，而西周正統禮法已明令廢止殷商殉葬制度，但早期仍有陋習殘存。所以，該墓葬很可能就是晉國第一代晉侯，即燮父與夫人的墓葬。

總之，「晉侯墓地」的出土文物，大大地填補了晉國早期歷史，以至先秦整體歷史的諸多空白。一系列熠熠生輝的瑰寶，宗宗件件隱含著引人遐思的資訊密碼，閃爍著遠去歲月斑痕交錯的朦朧痕跡，幾乎可以還原成一幅幅西周貴族生活的連環掛圖，為探討當時的社會情態、人文狀況、審美習俗等，提供了無比飽滿的具象化注腳。當然，這些文物也充分反映出彼時晉國經濟的發達、國力的富庶、工藝技術水準的精湛，以及軍事、外交等方面成就的輝煌。其意義，縱使未及安陽殷墟，也絕不遜於三星堆、馬王堆等。有鑑於此，「晉侯墓地」遂被評為「中國二十世紀一百項考古大發現」之一，且被史學界公認是中國西周考古發現的重中之重，精中之精，上乘中之上乘。

如今，一座規模宏偉的「晉國博物館」已經在「晉侯墓地」附近落成，墓地文物的研究仍在繼續深入。縱然學者的具體見解有所分歧，但據此說明叔虞受封之「唐」不在晉陽而在翼城、曲沃一帶，已是鐵證如山。

試想，如果「唐」在晉陽，也就是太原，這些國君為什麼要安葬到七、八百里之外呢？以當時的條件，可能嗎？事實上，晉陽最早見於文獻，已到春秋末期。一九六〇年代初步勘察晉陽古城遺址時，考古專家就認定其始建年代與文獻中出現時間相符，不可能在西周之初，附近也未能找到任何西周早期的遺物，所謂的叔虞之墓，則屬於後世閒置的偽塚。由此可見，叔虞死後，其子燮父正式建立晉國，其早期都城雖曾幾度遷移，遷移的次數、時間與確鑿方位等，也有種種異議，但無論如何，不會距離「晉侯墓地」太遠，這已成為多數學者日趨一致的看法。

不過，當時的都城絕不能與今天的國家都城相比擬。據相關史籍與考古顯示：西周禮制「天子之城方九里」，照當時尺規，每邊長約三千兩百二十三公尺，面積換算後，約現今十平方公里左右；諸侯之城「公七里，侯伯五里，子男三里」，故晉國都城每邊長只有五里，約一千七百九十一公尺，面積換算後，僅約三平方公里左右，其實也就是一個厚土牆圍起來的小堡而已。

但正是以此為中心，從叔虞受封，到其子燮父繼位晉國肇始，承傳七世至晉穆侯，晉國的君位交接均能遵循禮制，恪守章程，實現平穩過渡。或許，正是由於他們兩百多年承前啟後的經營、按部就班的開拓，才一步步積聚了力量，鞏固了根基，為肇始於「方百里」的晉國，創造了發展、壯大的前提，使之從數十乃至數百諸侯國中脫穎而出，漸至雄峙中原，縱橫天下，成為延續持久的超級強國，及至其後嬗變的趙、魏、韓三國，在春秋戰國風雲變幻的時代舞臺，演繹出一曲一曲氣象萬千、迴旋跌宕的悲喜樂章。

五　珍貴稀少編鐘鑿刻的晉國武裝之最早出征

一九九二年秋，香港古玩市場擺出十四件從盜墓者手裡輾轉收來的編鐘，因其銘文並非直接鑄成，而是嗣後鑿刻，此前並無類似的西周青銅器，故被疑為偽造，滯留數月未能售出。但資深考古學家，時任上海博物館館長的馬承源先生，得到資料後卻判定這些編鐘是真正古物，斷然購回。由於賣家尚未識其價值，故僅以百萬港元低價成交，但其出土之處仍然不明。孰料此後不久，就在「晉侯墓地」獻侯墓葬中，發現了兩件未被盜走的小小編鐘，恰與那十四件湊成完整一組，從而為其出處找到確證，也認定此即中國當時所見最早的鑿刻銘文青銅器。之後，相關專家曾以多種硬質青銅利器試驗鑿刻，均告失敗，說明當時已有可以加工青銅的鐵器，至少有以天然隕鐵打造的刃具。

這套編鐘，後被定名為「晉侯穌編鐘」。而其幾乎丟失，繼又身價暴漲的經歷，就不啻是一個非常幸運的考古故事。更令人叫絕的是，十六件編鐘的銘文，恰好連貫成三百五十五字的整體篇章，詳盡記載一樁此前任何史書都未記載的晉國武裝的最早出征，為西周歷史研究增添一份難得的素材。如今這套編鐘也已列入中國國家禁止出國展覽文物目錄，其銘文極其珍貴，古文字則很難辨識，茲將其現代字本全錄如下：

惟王卅又三年，王親遹省東國、南國。正月既生霸戊午，王步自宗周。二月既望癸卯，王入格成周。二月既死霸壬寅，王償往東。三月方死霸，王至於㲋，分行。王親令晉侯穌，率乃師左洀濩，北洀濩，伐夙夷。晉侯穌折首百又廿，執訊廿又三夫。王至於勳城，王親遠省師。王至晉侯穌師，王降自車，立，南向，親令晉侯穌自西北隅敦伐勳城。晉侯率厥亞旅、小子、㲋人先，陷入，折首百，執訊十又一夫。王至淖列，淖列夷出奔，王令晉侯穌帥大室小臣、車僕從，遂逐之。晉侯折首百又一十，執訊夫；大室小臣、車僕折首百又五十，執訊六十夫。王惟反，歸在成周。公族整師，宮。六月初吉戊寅，旦，王格大室，即位。王呼膳夫曶召晉侯穌，入門，立中廷。王親錫駒四匹，穌拜，稽首，受駒以出。反入，拜，稽首。丁亥，旦，王御於邑伐宮。庚寅，旦，王格大室，司工揚父入佑晉侯穌，王親賚晉侯穌秬鬯一卣、弓矢百、馬四匹。穌敢揚天子丕顯魯休，用作元龢錫鐘，用昭格前文人，前文人其嚴在上，翼在下，豐豐㲋㲋，降餘多福。穌其邁年無疆，子子孫孫，永寶茲鐘。

有學者認為：銘文中的「王」即周天子厲王，「既生霸」、「既死霸」、「方死霸」所謂之「霸」，指月牙初生漸至滿月、再至漸細的狀態，為當時的計日詞語，後世已經不用。「晉侯穌」即晉獻侯，但厲王在位時，獻侯尚未登基，應該是以其祖父晉靖侯之王孫的身分率兵出征的。銘文的大概內容是：周厲王三十三年，約西元前八四六年，厲王起駕巡省「東國、南國」，實際就是討伐那些地方的敵對部族。正月上旬某日從「宗周」，即鎬京出發，二月中旬某日入住「成周」，即東都雒邑，下旬繼續東行。三月下旬某日到達或地後開始分兵，令隨同參戰的晉侯穌率軍奔赴今山東東平一帶打擊「夙夷」，晉侯穌斬首一百二十人，俘虜二十三人。厲王到達勳城後，檢閱各路武裝。至晉侯穌的隊伍時，親自下車慰勉，又令其從西北面乘勢攻城。晉侯穌一舉破城，斬首一百人，俘虜十一人，其餘敗軍出逃。厲王再將部分王室親軍調歸晉侯穌指揮，下令追殲，斬首一百一十人，俘虜二十人，王室親軍斬首一百五十人，俘虜六十人。勝利後返回雒邑，六月上旬某日早晨，厲王駕臨祖廟，坐於正殿，晉侯穌奉召入見，立於中庭，厲王親賜其幼駒四匹，晉侯穌叩首跪拜，受駒帶出後，又返回跪拜。過了十多天，厲王在祖廟再次召見晉侯穌，親賜尊貴的「秬鬯一卣」，就是用黑黍與鬱金香草釀造的王室御用禮酒，又賜弓箭百套，馬四匹。晉侯穌感念天子恩德，繼位後令人鑿刻於鐘以記，並祭告先祖，也期望多降福祉，萬年無疆，「子子孫孫，永寶茲鐘」。甚至有可能，這套編鐘本來就是晉侯穌當時繳獲的戰利品。

不過，銘文中的「王」是否是周天子厲王，晉侯穌是否就是獻侯，以及所提及的日期怎麼斷定等，學者對此仍有不少分歧。但無論如何，正是這位晉侯的鑿刻決策，而使這篇時、地、人、事明確且又細節真切、飽滿的征戰紀實，得以定格於青銅器上，又於兩千八百多年後重見天日，為晉國早期空白的軍旅歷史，填補了鮮活、生動的一頁。

「晉侯穌編鐘」還有一個重大貢獻，就是為中國史學研究的「夏商周斷代工程」提供了有力證據。相關專家參照其銘文「惟王卅又三年」等年月日記載，並對墓葬中出土的相關實物進行碳十四測年，確定了歲月上下限，以此為代表，又經過大量的文物史籍考證，推出西周諸天子及至殷商後期君王的在位時間，並發布〈夏商周年表〉。儘管學者對這年表異議甚多，不過總算有個大體說法，將中國歷史的確切紀年，從原來的西周共和元年 —— 即西元前八四一年，提前了一千兩百多年。

基於上述內容，即可知這套幾乎棄失的編鐘文物，其價值該是何等至高至上了。所以，二〇〇二年中國公布首批禁止出國展覽文物目錄時，這套編鐘即被列入，它也成為上海博物館的頂級國寶重器。

六　一君兩夫人獨特墓葬潛藏的千古謎題

按照西周禮制，只有正式冊封為夫人，才能與國君同葬，其他後宮女子一概不可。「晉侯墓地」諸多墓葬俱皆如此，但卻有一例外，就是穆侯與夫人的墓葬之側，又多出一位女子墓葬。而且，這位顯屬晚死者的墓葬，不僅在這三座墓葬中規格最大，在晉侯墓地所有墓葬中，也是數一數二的。墓室前後還有類似「申」字形的上下兩條墓道，而穆侯的墓室，以及入土時間在其之前的所有墓室，都只有「甲」字形一條墓道。該墓葬中的隨葬品，更是琳瑯滿目，豐富多彩，總數達四千兩百八十件，僅玉器就有近八百件，青銅器有鼎、簋、壺、爵、盤、盉等。如此靡費，不僅穆侯與前一位夫人難以企及，就是和其餘所有墓葬相比，同樣是名列前茅。

該墓葬中最為精美的文物，是一串全長近兩公尺的「玉組佩」。組佩是貴族象徵身分的禮儀性配飾，此組佩由四十五件玉璜為主體，搭配各式各樣的玉珩、玉管、玉沖牙、瑪瑙管、綠松石等共兩百零四件組合而成，件件雕磨精湛，紋飾優美，為迄今所發現的西周配飾中，等級最高、也最為雍容華貴的，已經被列入中國禁止出國展覽文物目錄的國寶級玉器。其次為「楊姞壺」，壺蓋外壁與壺頸內壁鑄有銘文「楊姞作羞醴壺永寶用」，「羞醴」即敬獻甜酒，故或為墓主所用的禮器。還有過去從未發現、具體功用不明的「立鳥人足筒形器」、置放女性用物的「龍耳人足方盒」，以及珍珠瑪瑙項鍊等。珍珠採集困難，且又極易腐朽，考古出土者幾近於零，據說最早見於西元前五二〇年波斯王室貴婦的石棺中。那麼，這串較之早兩百多年的項鍊，就是世界上發現最早的珍珠飾物了。此外，墓葬方盒中，尚有不少玉人、玉馬、玉牛、玉羊、玉鹿、玉熊、玉鷹、玉壺、玉罍、玉環等，大小多在六、七公分左右，最小的僅兩、三公分，個個情態生動，玲瓏剔透，可能是墓主生前的心愛玩物。而且，還有長達五十八公分、象徵權力的大玉戈與其他玉戈，共十二件之多，在墓葬群中數量也是獨占鰲頭。

一位女子居然能突破禮制，身為第三人，與丈夫同葬，籌辦得又如此隆重，如此顯赫，還設置專用的陪葬車馬坑。那麼，此人是誰呢？

有學者認為：根據墓葬中「楊姞壺」的銘文判斷，墓主應是楊國女子，姞姓可能是其國姓。楊國是當時位於今山西洪洞的一個小國，該壺可能是這位女子出嫁晉國的陪嫁禮器。也有學者認為：西周楊國並非姞姓，故按照當時的稱謂慣例解讀，該壺應是姞姓國女子嫁到楊國的陪嫁之物，後被晉國所獲，最終成為墓主的隨葬。不過，這些學者基本上均認為，墓主應是穆侯第一位夫人故世後，續娶的次夫人。

可是，次夫人的墓葬這樣大逾常規，氣派豪奢，享受著超越夫君與前任夫人的特殊待遇，其中會不會潛藏更隱祕的謎題呢？

關於晉國的早期歷史，《史記．晉世家》中除了「桐葉封弟」的傳說外，均僅列出國君名稱，直到穆侯才有行跡紀錄，首句即是「穆侯四年，娶齊女姜氏為夫人」，姜氏應是來自齊國的公主，至少也是國君的宗親。據此，又有學者聲稱，與穆侯同葬的第一位墓主就是姜氏，後一位墓主是穆侯姓氏不詳的次夫人。

然而，這種說法卻忽略了一個重要疑問，即穆侯繼位四年始娶姜氏，難道之前就沒有冊封過夫人嗎？從禮制的常理推斷，貴為君主，怎麼會多年令夫人虛位呢？故雖無史料確證，但穆侯在姜氏之前，肯定冊封過夫人，姜氏更可能是那位夫人故世後續娶、續立的夫人。這樣的話，姜氏就不應該是與穆侯同葬的第一位墓主，而是後一位墓主。

當然，縱使這種推斷成立，姜氏獲得如此高規格墓葬的理由仍顯得勉強，需要找到更加充足的佐證。而某些零星記載的晉國舊事，卻似乎可以為此謎題揭示出一些蛛絲馬跡。

《史記‧晉世家》中稱：穆侯娶姜氏後，穆侯七年生太子。二十年後穆侯故世，但此時穆侯之弟殤叔卻篡權「自立」，太子被迫出奔。四年之後，太子歸來反擊，「率其徒」殺殤叔奪回君權，繼位為晉文侯。

那麼，文侯出奔時，逃到哪裡了？又是什麼原因使其反擊成功？恐怕其最有可能的出奔之地，就是齊國；最有可能在背後推動之人，就是其母姜氏。齊國是西周開國重臣姜子牙的封國，當時的第一強國。因此，陷入危局的文侯，逃往娘舅之邦，姜氏借助母國的力量幫兒子捲土重來，難道不是順理成章、機率最大的一種可能嗎？

而且，文侯復國繼位後執政三十五年，勛業堪稱卓越，晉國的崛起正是由此肇始。且文侯曾憑藉強大的武裝護駕，協助周天子平王完成劃時代的歷史事件——「平王東遷」，因其厥功至偉，還贏得天子的特詔嘉獎。這一切的背後，不能排除文侯有一位才幹傑出的母親在襄助、輔佐，出謀劃策。甚至不能排除姜氏就是類如武則天這樣的女中豪傑，其壽命應在七十歲以上。所以，也就不能排除其故世之後，獲得周天子的格外恩准，享受備極尊貴的殊榮，為後世留下了一座琳瑯滿目、撲朔迷離的墓葬。

如此分析下來，雖然有「楊姞壺」的發現，這位墓主卻不可能是楊姞。有學者認為，楊姞或許就是穆侯的第一位夫人。但究竟對不對？楊姞的壺又怎麼會出現在次夫人的墓葬中？是不是次夫人繼承了前夫人的遺物？這些問題的確鑿答案，恐怕永遠無解。至於有人斷言次夫人的墓葬出格，是由於其受寵之故，就更屬不諳西周禮儀的二、三流推測家的淺薄之見了。

第二篇

小宗奪位・鴻業開基

晉國君主較為準確的紀年，開始於獻侯的祖父靖侯十七年，即西元前八四二年。靖侯故世後，獻侯之父釐侯繼位；西元前八二三年釐侯故世，獻侯繼位；西元前八一二年獻侯故世，其子穆侯繼位。此前兩百多年，晉國的君位交接一向順理成章，契合禮制。但從穆侯故世後，這種情勢開始遭到顛覆，且一再爆發激烈的生死衝突。

一　晉文侯的繼位波折與周幽王的宮廷撩亂

西元前八〇八年，穆侯娶齊國君主或宗族之女姜氏為夫人。西元前八〇五年，穆侯「伐條戎」，即攻打居於今山西中條山北的少數民族部族，結果失敗而歸，此時恰巧太子降生，穆侯心情不佳，遂起名為「仇」。又三年，穆侯「伐千畝」大獲全勝，高興之餘又逢少子出世，故起名「成師」。為此，有個敢言的大夫師服便公開批評：把太子叫做仇，仇是仇怨啊！少子卻叫做成師，是成事啊！起名如此「反逆」，晉國「其能毋亂」？誰知六十多年後，師服果然不幸言中，成師一族漸漸坐大，並透過血腥爭鬥，最終奪得晉國此後三百多年的至高君權，此乃後話。

穆侯在位二十七年，西元前七八五年故世。但其弟殤叔卻打破晉國沿襲很久的正統嫡長子繼位秩序，公然篡位，年輕的太子對抗不過，被迫出逃。可四年之後就捲土重來，殺掉殤叔、奪回君權，成為晉文侯。至於太子逃到何處？又借助何方武力轉敗為勝？史書雖無記載，但最大的可能，或許就是其母親的祖國，當時已經十分強大的齊國。

晉文侯算是一位能幹的國君，也是晉國走向輝煌的開先河人物。北宋時期陝西韓城曾有一件銅鼎，後雖然丟失，但其形制與銘文卻被拓製下來，收入金石學家呂大臨的《考古圖》而得以流傳。銘文紀錄的是一段「晉姜」祭告神靈的禱詞，這件銅鼎故被定名為「晉姜鼎」。「晉姜」即嫁到晉國的齊國姜氏女子，在禱詞中自稱是承續「先姑君晉邦」，說明其姑母就是穆侯的夫人、文侯的母親，她又繼姑母之後來到晉國，成為文侯夫人。禱詞中還提及，文侯曾「嘉遣我，易鹵積千輛」，「俾貫通弘，征繁湯榷，取厥吉金，用作寶尊鼎」，就是文侯為其派出一千輛鹽車貿易，一路通達遠征，前往繁湯（即今安徽繁昌一帶）換取青銅，製成這尊寶鼎。這充分證明晉國此時已經控制中條山北的經濟寶庫鹽池。另有資料顯示，晉國還吞併過韓、焦等鄰近小國的國土，版圖多有擴展，實力的提升也非常迅速。

文侯時期在任的周天子，正是那位頗遭史籍惡評的幽王。據《史記．周本紀》記載：幽王登基三年，即開始「嬖愛褒姒」。又稱褒姒的來由是：夏朝衰敗時有兩條神龍降落宮廷，自言是褒國二先君，夏帝趕緊占卜，占卜結果是殺、趕、留均為「莫吉」，只有收藏龍涎，即其唾液「乃吉」，於是急忙祭奠，二龍吐下唾液而去，夏帝以匣祕藏。夏朝滅亡後，傳於殷商；殷商滅亡後，傳至周，「三代」均不敢開啟，到周厲王末年「發而觀之」，龍漦頓時流於金殿，無法清除。厲王遂令一群宮女裸身大喊，藉以驅邪，龍漦瞬間「化為玄黿」，即變成大壁虎竄入後宮，正好被一幼年宮女撞見。幾年後這宮女「既笄而孕」，即剛滿十五歲就莫名其妙懷孕，她非常恐懼，便將所生的女孩扔到宮外。夜間，一對準備避難出走的夫婦聽到啼哭聲，就收養了這個女孩，逃往褒國。女孩長大後十分漂亮，後來褒國得罪了幽王，就將女孩獻出贖罪。褒國的國姓為姒，故其名曰褒姒。

幽王對褒姒非常寵愛，「褒姒不好笑」，幽王施盡「萬方」均無奈，於是就想出了那個所謂「烽火戲諸侯」的招數。烽火是古代的報警煙火，如王都鎬京有難，即從附近烽火臺點燃烽火，隨後逐臺點燃傳遞，各路諸侯看到後，就會趕來救援。幽王為討好褒姒而點燃烽火，諸侯紛紛趕來卻發現「無寇」，唯褒姒見狀「大笑」。此後幽王便「數舉烽火」，諸侯幾次遭到戲弄，從此不再相信。褒姒生子伯服後，幽王又將王后申氏與太子宜臼統統廢黜，改立褒姒為后、伯服為太子，申氏與太子出奔申國。西元前七七一年，申氏之父、申國君主申侯，買通少數民族犬戎等多股兵馬撲向鎬京，合攻幽王。幽王「舉烽火」求救時，諸侯均皆「莫至」，故幽王、伯服被殺，褒姒被擄，犬戎大肆擄掠，「盡取周賂而去」。

這幾段故事流傳甚廣，然而多不可信，褒姒之出生傳說尤為荒誕，更像是抹黑造謠。其實，姒姓源自大禹，沿襲至夏朝王室，為中國上古八大姓之一，入周朝後，該姓氏後人與王室通婚頻繁，故褒姒肯定是位高門貴族之女。將其描繪成出身妖魅、行事詭異之人，無非與夏桀寵愛妹喜、殷紂王寵愛妲己，導致亡國之說如出一轍，都不過是在渲染那種栽贓女性所謂「紅顏禍水」的無稽之談罷了。事實上，古代君王哪個不是嬪妃成群？又有哪個君王的亡國，不是由於自身的原因造成的呢？

因此可以推斷，幽王廢立王后與太子，絕不是那麼簡單，勢必牽扯錯綜複雜的宮廷派系鬥爭，勾結外族的申侯也不是什麼善類。所以，幽王死後，申侯等人雖擁立太子宜臼繼位為周平王，但更多的王公貴族卻擁立幽王之弟登基，史稱攜王，其勢力與擁戴者遠超平王。許多諸侯也因平王曾被父廢黜又涉及殺父之嫌拒絕朝拜，犬戎還不斷前來騷擾，平王的處境受到嚴重威脅，統治地位岌岌可危。

二　護駕「平王東遷」贏得尊貴的天子嘉賞

面對這樣的複雜情勢，晉文侯卻堅定不移地支持平王，並率軍及時趕到，殺退犬戎。第二年，即西元前七七〇年，為了避開攜王而尋求更加安全的統治環境，文侯的兵馬又擔當主力，一路「迎送安定之」，護駕平王轉移到東都雒邑，史稱「平王東遷」。而按照二〇〇八年中國清華大學收藏的楚國出土竹簡

《繫年》所記，平王是先被文侯迎於「少鄂」，具體位址可能在今山西鄉寧縣一帶，三年後正式東遷雒邑，與攜王形成「二王並立」的對峙局面。直到西元前七六〇年，更加強大的文侯才得以出兵襲擊，殺掉已在位十一年的攜王，徹底翦除平王的敵手，為其王位鞏固做出了巨大貢獻，故史書有「晉文侯於是乎定天子」之說。而這對晉國來說，無疑彰顯了國力，提升了國威，一個行將崛起的大國形象，似已嶄露鋒芒。

有鑑於此功殊異，平王特命文侯為「方伯」，即一方諸侯之長，並頒〈文侯之命〉嘉獎，且予以尊貴封賞。全文如下：

王若曰：父義和！丕顯文、武，克慎明德，昭升於上，敷聞在下；惟時上帝，集厥命於文王。亦惟先正克左右昭事厥辟，越小大謀猷罔不率從，肆先祖懷在位。嗚呼！閔予小子嗣，造天丕愆。殄資澤於下民，侵戎我國家純。即我御事，罔或耆壽俊在厥服，予則罔克。曰：惟祖惟父，其伊恤朕躬！嗚呼！有績予一人，永綏在位。父義和！汝克紹乃顯祖，汝肇刑文武，用會紹乃辟，追孝於前文人。汝多修，扞我於艱，若汝，予嘉。王曰：父義和！其歸視爾師，寧爾邦。用賚爾秬鬯一卣，彤弓一，彤矢百，盧弓一，盧矢百，馬四匹。父往哉！柔遠能邇，惠康小民，無荒寧。簡恤爾都，用成爾顯德。

文中的「父」，為古代天子、諸侯對同姓長輩的常用敬稱，在姬姓族系中，平王應比文侯的輩分還低；「義和」一說為文侯之字，一說為對文侯的稱譽。平王首先聲言：「丕顯文、武」即英明的文王、武王，均「慎」行「明德」，光華「升於上」，名譽「聞在下」，又多蒙上天降福，還有「先正」，即前賢「左右」輔佐，因此「先祖」可以安然「在位」。繼而自責：可憐我，遭到天之「丕愆」，罪過不小，以致「資澤」難施「下民」，侵犯國家的人很多，執政大臣裡也缺少「耆壽」元老輔佐指點，每每「罔克」難成，所以常祈禱祖輩和父輩能憐憫「朕躬」，賜我得力能臣。啊！如今幸有您大功臣「一人」，可助我永安「在位」了。接著，平王盛讚文侯發揚了「乃顯祖」，即叔虞等晉國先君的精神，秉承文王、武王遺風，「扞我於艱」，在危難時刻救了我一把，「若汝，予嘉」，自然應該大力嘉獎。特賜文侯王室御用禮酒「秬鬯一卣」，並賜玉柄金勺祭器「珪瓚」，象徵天子授與征伐大權的紅漆「彤弓一」、黑漆「盧弓一」，各配箭百支，外加「馬四匹」。

平王在此文中，三次疾呼「父義和」，兩度慨嘆「嗚呼」，通篇語氣低聲下氣，十分謙卑，阿諛恭維之狀溢於言表。但同時也在表示：「父往哉」，即您快回去吧！回去管好「爾師」，安定「爾邦」，懷柔遠方，和睦近鄰，「惠康」百姓，不要荒廢政事，圓滿成就您的「顯德」。可以看出，在平王貌似慰勉的背後，其實蘊含著深深的憂慮與戒心，充分說明西周初年確立的統治體制已日漸式微，諸侯喧賓奪主的威脅日益滋長，一段大動盪、大變革、大洗牌的列國紛爭歲月即將來臨。

「平王東遷」是具有劃時代意義的重大事件，以此象徵中國歷史步入東周，即春秋戰國時代。從此，所謂「天下共主」的周天子風光不再，至高權威迅速跌落。曾經嚴謹的社會倫理結構急遽瓦解，禮崩樂壞、綱常淪喪，不擇手段的爭奪傾軋，肆無忌憚的弱肉強食，權勢格局的無道義整合，尊卑高下的叛逆，以至殘酷無情的荼毒、殺戮、同室操戈，已成為司空見慣、銳不可當的政治潮流。

於是，在晉國，一場曠日持久且血淋淋的宗室較量開始了。

三　「小宗」弒君與一位參與武士的內心糾結

文侯在位三十五年，於西元前七四六年故世，其子晉昭侯繼位。不久，昭侯就將其叔父成師分封到曲沃，史書也稱其「曲沃桓叔」。輔佐曲沃桓叔的是晉靖侯的一位姬姓庶出之孫，因受封欒邑，故以「欒」為氏，名曰欒賓，後成為晉國一門權貴卿族欒氏的始祖。不過，當時的曲沃並不等同於今天的曲沃縣境，只是一個面積有限的小城池及周邊部分區域，但這塊地盤還是大過晉國的都城「翼」。

按照禮制，昭侯身為嫡長子，是正系，也稱「大宗」，其他所有子息皆為旁系「小宗」。昭侯的分封顛倒了大小，顯然有悖常理。而這位桓叔多年輔佐文侯，勢力不弱，且其已經五十八歲，又很會籠絡民心，美化自身，以「好德」名重一時，以致「晉國之眾皆附」。可見，昭侯會如此分封，多半還是「畏其叔父桓叔之強」，屬於「大宗」對「小宗」的一種無奈中的被迫讓步，也說明「小宗」已具備足以挾制、乃至挑戰「大宗」的實力，爭奪君權的企圖開始漸露凶芒。

果然，西元前七三九年，桓叔就串通大臣潘父殺死昭侯，晉國有史以來第一次弒君陰謀得逞。然而，意欲登基的桓叔，卻遭到昭侯支持者的激烈反抗，最終失敗、退回曲沃。潘父被殺，昭侯之子繼位，是為晉孝侯。

《詩經．唐風》中有一篇〈揚之水〉，據稱就是在這場政治角逐中，一位參與武士的敘說情思之作。詩云：

揚之水，白石鑿鑿。素衣朱襮，從子於沃。既見君子，云何不樂？

揚之水，白石皓皓。素衣朱繡，從子於鵠。既見君子，云何其憂？

揚之水，白石粼粼。我聞有命，不敢以告人。

〈揚之水〉的字面意義，即奔湧激揚的流水。詮釋《詩經》的著作《毛詩序》稱：「〈揚之水〉，刺晉昭公也。昭公分國以封沃，沃盛強，昭公微弱，國人將叛而歸沃焉。」另有《五經備旨》也稱：「國人將叛晉而歸沃，故作此詩，聞其命而不敢以示人者，民為之隱而欲其事之成也。」就是說，這是一首反映民眾背棄昭侯、投奔曲沃，且盼望桓叔成事的詩。也有論家認為：作者雖然是桓叔的擁戴者，聽從召喚，匆匆趕到，但見到崇拜的「君子」，卻樂不起來，因為得知桓叔準備謀殺昭侯後十分吃驚，有點猶豫，卻又未敢外洩祕密。詩所反映的，正是其人不知如何是好的內心糾結之感。

照以上說法，〈揚之水〉中的「沃」，就是當時的那個小城曲沃，「鵠」是臨近的一處地名，有說法稱在今曲沃縣安鵠村。而其詩，則可以譯成這樣的白話：

流水揚著清波，白白的石子明光閃爍；
身穿那襯有紅色衣領的素衣，
遵從您的召喚，我趕到了「沃」。
拜見了仰慕已久的君子，卻為何失去了歡樂？
流水揚著清波，白白的石子淨潔柔和；
身穿那鑲有紅色紋飾的素衣，
遵從您的召喚，我趕到了「鵠」。
拜見了仰慕已久的君子，卻為何增添了憂愁？
流水揚著清波，白白的石子澄澈晶瑩；
聽到了如此意外的使命，
我卻是一點也不敢傾訴於人……

當然，〈揚之水〉還有另外的解釋：以揚著清波的流水與嬌美的「白石」作比興，表現了一位穿戴漂亮的年輕女子，來到幽靜的小河邊與戀人約會，由於聞知父母要為自己包辦婚事，又不敢告訴對方，所以見面後憂心忡忡、高興不起來。照此說法，「沃」、「鵠」就不是具體地名，而只是水草豐盛之處與河邊的高地。從「唐風」多為民歌來看，這樣的解釋似乎更有道理，也更加真實。

四　六十七年血肉奮鬥換來的「曲沃代翼」

桓叔奪權未遂，退回曲沃，但是絕沒有偃旗息鼓。從此，「大宗」、「小宗」徹底決裂，彼此陷入你死我活的公開爭鬥。

西元前七三一年，桓叔故世，其子莊伯繼位。西元前七二四年，莊伯攻「翼」、殺死孝侯，但之後「大宗」勢力又反擊成功，擁立孝侯之子、一說為其弟郄繼位，莊伯只好退回曲沃。此後莊伯調整方略，運用分化、拉攏等手法，爭取周邊諸侯，也得到周天子桓王的認可，於西元前七一八年聯合數國，再度攻打翼城。郄倉皇出逃，後被支持者迎至鄂地，可能在今山西鄉寧一帶，故史書以鄂侯稱之。可是莊伯獲勝進入翼城不久，卻與桓王產生衝突，迅速交惡。於是，桓王指派虢國出兵討伐，莊伯被迫再退曲沃。鄂侯之子繼位，是為晉哀侯。西元前七一六年，莊伯抱恨逝世，其子繼位，史稱「曲沃武公」。

西元前七一〇年，哀侯侵占了武公屬地「陘庭之田」，可能在今曲沃縣境東北與翼城交匯處。次年，武公指派韓萬為之駕車，梁弘身為「車右」（即同車護衛），親自率兵反擊，哀侯失利逃跑，武公沿著汾水之濱的窪地一路追逐，直至「驂絓而止」，即拉車的邊馬被樹木絆住才停止。不過當晚，哀侯還是被俘獲，哀侯的隨從大夫欒成也被包圍。因為欒成之父正是輔佐過武公祖父桓叔的欒賓，故武公首先勸降，聲稱如果不死，願舉薦於周天子，請令其「為上卿」，掌管「晉國之政」。但欒成斷然拒絕，慨言「父生之，師教之，君食之」，所以對父、師、君，就理應「事之如一」，「報生以死，報賜以力」，在所不惜，又怎敢「以私利廢人之道」？且如果背棄哀侯而「從君」，就是貳心之輩，「君焉用之？」，即你敢用這樣的人嗎？最終力戰而死，欒成也贏得武公的敬佩。

為武公駕車的韓萬，其先世與周天子同為姬姓，因仕事晉國而得封地韓原，應在今山西河津、萬榮兩縣一帶，故以「韓」為氏。不過，也有一說，韓萬是莊伯的異母弟、武公年齡相近的叔父。後來韓氏逐漸發展、壯大，成為晉國實力非凡、且最終將晉國瓜分的「三家」豪卿之一。

哀侯被俘後未久，武公就指派韓萬將其殺掉，可「大宗」仍未示弱，隨即擁立哀侯之子繼位，史稱小子侯。而「小宗」則繼續擴張，西元前七〇五年，武公又將小子侯誘殺。桓王再度指派虢國，協同多國一道出兵討伐武公，並立哀侯之弟繼位，是為晉侯緡。武公功敗垂成，只得退返曲沃。但此時，「大宗」已經元氣傷盡，衰敗到家。到了西元前六七八年，武公最終滅掉晉侯緡，徹底打垮了「翼」。繼而，又「盡以其寶器」，賄賂討好新的周天子釐王。次年，釐王正式將武公「列為諸侯」，升格為晉武公，命為「晉君」，「小宗」的地位終於得到認可。

刀光劍影的血肉奮鬥，歷時長達六十七年。昭侯、孝侯、哀侯、小子侯、緡侯五位國君被弒，鄂侯被迫出逃，艱難地實現了由「大宗」到「小宗」的權力更替，史稱「曲沃代翼」。其間，鑑於贏取勝利的需求，大量人才獲得破格錄用，固化彌久的傳統禮儀秩序遭到強烈衝擊，宗室內部也出現急遽的分化與重新編隊，為嗣後晉國權貴、卿大夫的崛起，及大規模的改制變革，營造了更加良好的政治氛圍。所以，這場歷史性的新陳代謝，是具有進步意義的。

曲沃武公在位三十九年，差不多耗盡了畢生精力，才最終實現祖輩父輩的遺願，但升格為晉武公後沒過兩年，就去世了。西元前六七七年，其子詭諸繼位，就是那位功過是非均可謂彰明昭著的晉獻公。在晉國走向強盛的征途中，若說晉武公是一位篳路藍縷的開先河者，那麼晉獻公就是一位奠基性的人物。

五　晉獻公的強勢舉措奠定了霸業洪基

晉獻公繼位時，齊國的桓公已經拜能臣管仲為相，並憑藉充裕的國家實力，打出「尊王攘夷」，即尊崇日趨衰微的周天子、抵禦夷族，這樣占盡道義先機的旗幟。「九合諸侯，一匡天下」，召喚列國君主，糾正社會亂象，成為所謂春秋「五霸」中的第一位霸主。

不過，這個「霸」，卻非指霸王或霸道。按照古人的說法，「霸者，長也，言為諸侯之長」；東漢經學匯編《白虎通義》中也稱，「霸者，伯也，行方伯之職」。所以，「霸」就是諸侯的首領「方伯」，諸侯「會盟」時的盟主。「會盟」時先由盟主「執牛耳」，割取牛血，溶於青銅禮器「敦」中，用桃枝虔誠攪動，然後率領眾人啜飲，並塗抹嘴邊，叩天而誓，即所謂「歃血為盟」。「執牛耳」者，當然就是最有權威、最具實力的強國君王。

當時，除了桓公之外，楚國的成王也非等閒之輩，秦國則正在崛起。因此，獻公為了壯大自身，與之爭霸，採取不少頗具膽氣，也頗有魄力的強勢舉措。

其一，可以稱之為「除患固本」。晉國「小宗」戰勝「大宗」時，桓叔、莊伯的眾多子孫都出過力，但武公成為國君後，實際繼位者只能有嫡長子獻公一人，其他自然也就又成為旁系。而這些「桓、莊之族」以及一些原「大宗」殘餘親屬，卻在不斷威逼君權，獻公非常擔憂。於是，他聽取親信謀臣士蔿之計，先離間「群公子」，將最有實力的「富子」逐走，又挑唆其自相殘殺，除掉「游氏之族」，再誘騙他們「城聚而處之」，共居一城。西元前六六九年冬，獻公突然派兵包圍此地，毫不留情地「盡殺群公子」，剷除引發宗室內亂、挑戰國君統治的同姓公族勢力。

其二，可以稱之為「建都立廟」。翦滅公族勢力後的次年，即西元前六六八年，獻公即令士蔿擔任大司空，由其主持「城絳」，並「以深其宮」，就是開始修築都城「絳」，並大起宮殿。據東漢經學家鄭玄《詩譜》所言，士蔿曾「北廣其城方二里」，很可能就是將「絳」擴建得更加宏偉寬闊，使之在規模、氣勢上壓倒曲沃。同時，獻公又在曲沃建造宗廟，列為聖地，直接管治，不得分封，以避免如當年那樣尾大不掉的不祥事件再度發生。

其三，則是竭力擴軍強兵。據傳為周公所著之《周禮》規定，西周「凡制軍」，以「萬有二千五百人」為一軍，規定僅周天子可有「六軍」，其餘諸侯國「大國三軍，次國二軍，小國一軍」，統軍將領皆稱之為「卿」。晉國只可擁有一軍，即一萬兩千五百人，此外還可配備戰車五百乘、馭馬兩千匹。獻公繼位後，一直採取主動示好周天子的策略，又趁其權威衰落，悄然推進。經過十五、六年苦心運作，終於在西元前六六一年實現了將一軍變為二軍的美夢，自己統率「上軍」，由太子申生統率「下軍」。

穩定了內政，壯大了實力，獻公隨之計劃地展開開疆拓土的行動。於是，在擴充為二軍的當年，親自指揮，由趙夙「御戎」，即為之駕車、畢萬擔當「車右」，即同車護衛，協同太子出擊，分別滅掉耿、霍、魏三國，並乘勝控制了芮國在黃河之東的大量土地。勝利歸來後，獻公就將耿地賜予趙夙，魏地賜予畢萬，分別在今山西河津與芮城一帶，並將二人均封為大夫。

趙夙的始祖與秦人同族，均為嬴姓。入周朝後，其先祖有個名叫造父的人，擅長馴馬。據說，造父曾以「盜驪」、「驊騮」、「綠耳」等良馬，獻於周天子穆王，穆王令其駕車「西巡」，還見到「西王母」而「樂之忘歸」。不久，位於今江蘇泗洪一帶的徐國偃王反叛，穆王又讓造父駕車，「日馳千里」趕去討伐，並「大破之」。穆王乃將位於今山西洪洞縣的趙城一帶賜予造父，造父即以「趙」為氏，成為嬴姓的一門分支，後來又發展成晉國權勢非凡、且最終瓜分晉國的「三家」豪卿之一。

畢萬的始祖為畢公高，據稱為周文王第十五子，西周分封諸侯時受封於畢，在今陝西咸陽地區，故以「畢」為氏，但其後輩因罪被廢為「庶人」，子孫離散各地。流落晉國的一支，傳至畢萬時，受到獻公重用，獲賜魏地後，改以「魏」為氏，故也稱魏萬。據說，魏萬曾占卜過在晉國的仕途前景，得卦為「吉」，是「其必蕃昌」的「公侯之卦」，後來他的後代果真也發展成晉國權勢非凡、且最終瓜分晉國的「三家」豪卿之一。

而獻公的心腹謀臣士蔿，其祖父為周王朝的大夫杜伯，後被周宣王誅殺，其父隰叔逃亡晉國，出任掌管律令刑獄的士師，遂以「士」為氏，士蔿更受到獻公重用。隰叔與士蔿，也成為晉國一門權貴卿族的先祖。而杜伯在王都鎬京附近的分國舊址，西漢宣帝時選為陵寢，謂之杜陵。因其地勢高曠開闊，壯美秀麗，唐宋以來，包括李白、杜甫等無數文人士子，均到此遊歷，留下大量膾炙人口的詩篇，使之成為至今依然充溢雅情雅趣的風景勝地。

獻公在位二十六年，除了耿、霍、魏外，還先後滅掉虞、虢、冀、董、賈、黎、郇以及史事無考之沈、姒、蓐、黃等小國。據《韓非子》一書引述，即「並國十七，服國三十八」。此外，獻公還奪取不少戎狄等部族的土地。其時的「晉疆」，已是「西有河西，與秦接境，北邊狄，東至河內」，囊括了今山西晉南全部地區、晉東南西南部等處和黃河對岸陝西、河南北部的大片土地，擁有糧、棉、木、絲、銅、鹽、戰馬等雄厚的物質財富和戰略資源，綜合實力可謂後來居上，超越鄭、衛、魯、宋、虢等國，幾乎與齊國不分上下，為晉國未來的輝煌霸業，奠定了基礎。

六　賢大夫苦口婆心勸不醒的敗國之君

在獻公兼併列國的過程中，最具戲劇性的，就是那個「假虞滅虢」的故事。

虢國是西周分封諸侯時，周文王兩個弟弟的封地，一個謂之東虢，在今河南滎陽一帶；一個謂之西虢，在今陝西寶雞一帶。西周晚期，西虢因不堪犬戎侵擾，東遷於黃河南岸河南陝縣，即今三門峽市陝州區一帶。周平王時，東虢被鄭國所滅，部分後裔依附西虢，聚居於陝縣以北、一河之隔的山西平陸縣，故史書也有北虢之稱，其實與西虢是一國。這個虢國臨近晉國，論地位、論國力最初並不遜色，而且深受周天子信任。在晉國「曲沃代翼」的鬥爭中，虢國曾兩度受命以「王師」名義出兵支持「大宗」，討伐「小宗」。獻公上臺數年後，西元前六六八年秋冬，虢國又兩次「侵晉」，還收容了獻公「盡殺群公子」時的流亡貴族。

因此，次年獻公便急於報復，攻擊虢國，但士蒍卻諫曰「不可」。認為「虢公驕」，故應先示弱退讓，使其不斷感覺「勝於我」，就會越發「棄其民」而為所欲為，待漸失民心後，再行「伐之」。「欲禦我誰與？」，即還有誰能替他抵抗呢？大夫荀息更建議獻公，認為虢公「淫於色」，不如選國中美女，「教之歌舞，盛其車服」，饋送以表謙恭，使之「耽於聲色」、「怠棄政事」、「疏斥忠良」，再重賄犬戎，令其不斷侵擾虢國邊境，慢慢耗其實力，然後「乘隙而圖之」。獻公依計而行，「以女樂遺虢」，一晃十年過去，虢國轉弱而晉國變強，滅虢的機會終於成熟了。

可是，阻隔於晉國與虢國之間，在平陸縣北部，有一個小小的虞國。如果先攻虞國、再攻虢國，兩國必然聯合對抗，顯然是下策。於是，西元前六五八年，荀息建議以「屈產之乘與垂棘之璧」，也就是名馬、玉璧賄賂虞公；請「假道」，即借道虞國

「以伐虢」。獻公表示，這些都是「吾至寶」，「何忍棄之他人」。荀息進而勸之，假若借道成功，這一切不過如「寄璧外府，養馬外廄」，早晚還得回來。獻公又稱，虞國還有個賢大夫宮之奇啊！荀息再勸，宮之奇固然有頭腦、有見識，但為人懦弱、「不能強諫」，且從小與虞公一起長大，關係親暱，所以「雖諫」，虞公也不會真當一回事。

荀息是獻公之父武公時期舊臣，其始祖據稱是周文王第十六子，西周分封諸侯時，受封於原，在今河南濟源，故以「原」為氏。荀息本名原黯，字息，因深受武公信任，故武公滅掉位於今山西新絳一帶的荀國後，即以此地賜之，原黯乃以「荀」為氏，後來也發展成晉國的一門權貴卿族。獻公對荀息一樣非常信任，故很快聽從其建議，「以璧、馬交付」，荀息前往虞國借道。

晉國向虞國所借之道，最關鍵的一段，史稱「虞阪」，開鑿於崇山峻嶺之間，是穿越險峻中條山脈而直驅黃河渡口的咽喉通道，也是涉及虞國安危的戰略要徑，更何況虞國與虢國的交情遠好於晉國，怎能輕易相借？可是，當荀息奉上厚禮，並頭頭是道地遊說一番後，目光短淺又有點貪心的虞公，卻對宮之奇的忠告充耳不聞，非但欣然「許之」，甚至「起師」率先「伐虢」，晉國大軍隨後趕到，與虞國一道攻占了虢國在黃河北岸的重鎮下陽，不過這次並未渡河續戰，僅獲小勝「以歸」。

三年後的西元前六五五年，晉國又向虞國提出借道「伐虢」的請求。這一次，完全識破玄機的宮之奇更著急了，遂再度竭力勸阻。

宮之奇首先諫道：「虢，虞之表也。虢亡，虞必從之。晉不可啟，寇不可玩，一之謂甚，其可再乎？諺所謂『輔車相依，脣亡齒寒』者，其虞、虢之謂也」；意思是說，虢國彷彿虞國的外層護衛，虢亡、虞也必然滅亡；晉國不可縱容，敵寇不可輕忽，一次「假道」已屬過分，怎能有第二次呢？俗話說「輔車相依，脣亡齒寒」，不正說的是虞國、虢國嗎？

然而，虞公卻強辯道：「晉，吾宗也，豈害我哉？」，即晉國與我同姓同祖，會害我嗎？對此謬見，宮之奇先以西周王朝早期的複雜歷史闡明利弊，指出晉國「將虢是滅，何愛於虞？」，既然可以消滅同姓同祖的虢國，又怎麼會愛我虞國呢？接著進一步提醒道：「虞能親於桓、莊乎？其愛之也。桓、莊之族何罪，而以為戮，不唯逼乎？親以寵逼，猶尚害之，況以國乎？」，意指獻公對虞國，能比與之同一曾祖、祖父的「桓、莊」更愛嗎？「桓、莊之族」有什麼罪，卻被無情屠殺，不就是因為威逼到君位了嗎？到了這種地步，至親尚可殺害，何況別的國家呢？

虞公還是不聽，又辯解道：「吾享祀豐絜，神必據我」，即我的祭祀之物一向豐盛潔淨，天神肯定會保佑我。虞公固執己見至此，宮之奇不免越發焦慮，也有些氣惱，故更加直言不諱地駁斥道：「鬼神非人實親，惟德是依」；「則非德，民不和，神不享矣。神所馮依，將在德矣。若晉取虞，而明德以薦馨香，神其吐之乎？」意思是，鬼神看重的不是人，而是德，如果缺少德行，民眾就會失去安和，什麼樣的祭物，神也不會享用。神所依從的，只有一個「德」字。因此，即使晉國滅了虞國，但人家「明德」了，再獻上「馨香」的祭物，難道神會吐出來嗎？

宮之奇費盡唇舌、苦口婆心，虞公就是「弗聽」，答應了晉國的要求。宮之奇無奈，只得長嘆道，「虞不臘矣，在此行也，晉不更舉矣」，即虞國不能舉行年終的臘祭了，這次虞國注定是要滅亡，晉國用不著再發兵了。辭別虞公返回家中後，宮之奇對兒子說，「虞將亡矣」。「今君施其所惡於人」，即國君將自己害怕的後果轉嫁虢國，「以賄滅親」，受了點小惠就助敵滅親。「暗不除矣」，「身不定矣」，「自拔其本矣」，即愚昧已難除，身心已失定力，自己拔掉了立國之本。「吾不去，懼及焉」，我們不走，巨禍勢必殃及自身。於是，宮之奇只好帶領家族離開虞國，遠走避難去了。

虞國容許晉國借道後，是年八月，晉軍過此道，並渡過黃河，包圍虢國都城上陽，繼而破城「滅虢」，將府庫寶藏悉數裝載帶走。班師的晉軍以所獲「十分之三」以及一班「女樂」敬獻虞公，竟被獲准駐紮在國內休整。未久，晉軍突然發動偷襲，順手牽羊、滅掉虞國，俘虜了這位愚不可及的敗國君主。當年所得的名馬、玉璧也被統統收回。荀息「牽馬操璧」，稟報獻公「璧則猶是」，獻公也隨即幽默地回道：「馬則吾馬，齒亦老矣」，馬還是我的馬，只是有點老了啊！

第三篇

蕭牆禍起．震盪經年

晉獻公是晉國走向強盛的開拓性人物、建樹傑出的君主，但同時又是一位敢作敢為，似乎有點倔強、執拗的人物。所以，本可全然功垂千秋，卻因為一場所謂「驪姬之亂」的宮廷動盪，陷入了被後世臧否不絕的評判漩渦，在中國歷史的早期畫卷中，留下了令人瞠目結舌、感慨唏噓的一頁。

一　驪姬受寵的深層緣由與獻公父子的裂痕

據記載，獻公的婚姻大致情況是：「晉獻公娶於賈，無子。烝於齊姜，生秦穆夫人及大子申生。又娶二女於戎，大戎狐姬生重耳，小戎子生夷吾。晉伐驪戎，驪戎男女以驪姬，歸生奚齊，其娣生卓子」。綜合其他相關史料，這段文字所涉及的內容有：獻公當太子時，曾娶賈國之女賈氏，賈氏無子或已早逝。獻公之父武公死後，獻公續娶其父的少妻齊姜，古人謂之「烝」，這在當時並不奇怪。齊姜是齊桓公之女或近親宗室之女，門第顯赫，故獻公繼位後，被冊封為夫人，類似後世的正宮娘娘。齊姜生有一子一女，其子申生的年齡可能小於重耳、夷吾，但子因母貴，而被立為太子；其女後來嫁為秦穆公夫人，史稱穆姬。獻公還從戎人地區娶過狐氏二女，大女生了公子重耳，小女生了公子夷吾，二女之父狐突則成為獻公深信的重臣。獻公繼位後五年，即西元前六七二年，舉兵討伐驪戎，驪戎獻出美女驪姬與其妹求和，後驪姬生子奚齊，驪姬之妹生子卓子。驪戎所在地，通說是在今陝西驪山一帶，但晉國當時的力量未必遠及至此，故有學者認為，應在今山西陽城南部的析城與王屋兩山之間。另外，獻公還有幾個名不見史傳的兒女。

不過，也有史料稱狐氏並非戎人，其先世是晉國始祖叔虞的一支後人，流落或受封到偏僻的大狐之地，故以「狐」為氏。從狐突起，狐氏也成為晉國的一門權貴卿族。

按照一般的說法，「驪姬之亂」的起因，是獻公「嬖愛」驪姬，狡詐妖媚的驪姬，為使自己的兒子奚齊成為太子，而大施陰謀詭計。獻公聽信讒言，迷亂了心志，將太子申生活活逼死，將重耳、夷吾兩公子逼到出逃流亡，造成紅顏禍國的悲劇。然而，驪姬真有那樣能力超群、手法高明嗎？獻公真會為一個女人，就這樣對兒子毫不留情、大動殺機嗎？透過不免誇大的歷史表象尋根究底，恐怕答案未必如此簡單；個中的是非曲直，未必那樣黑白昭彰、一目了然。

須知，驪姬是在歸獻公七年之後，直到西元前六六五年，才生子奚齊。而其妹，更是在獻公臨死的前一年，即西元前六五二年，才生下卓子。據此推斷，對後宮佳麗成群的獻公而言，驪姬未必就是其專寵，與之同宿同眠的次數也未必多於其他妻妾。所以，驪姬的受寵，以及越來越被信賴，應該有更深層的緣由。

驪姬的面容或許不錯，但遠超相貌的，很可能還是其心計和智巧。驪姬對獻公不僅百依百順，還常常參與政事，幫助出謀劃策，往往「十言九中」，讓獻公非常倚重，常常向其吐露心聲，甚至「一飲一食，必與之俱」。所以，到了西元前六五六年，可能是夫人齊姜故世不久，獻公就執意要將驪姬立為夫人。

按照當時的迷信，對此事應當先算卦詢問吉凶，「卜之」，即用火烤灼龜甲，依據紋裂狀況預測，但結果是「不吉」；又「筮之」，即用一種蓍草推斷，結果卻是「吉」。主卦的「卜人」表示，「筮短龜長」，蓍草不如龜甲靈驗，勸獻公兩卦迥異時，「不如從長」，即按照龜甲的預測定奪，並講了一番如不遵從會導致的嚴重危害。而獻公卻毫不猶豫地下令「從筮」，堅決照蓍草的結果，將驪姬「立之」。這一年，就算驪姬歸獻公時僅十六、七歲，這時也至少有三十四、五歲了。可見，獻公如此看重驪姬，傳統史家沿襲彌久的沉湎女色之說，其實頗須商榷。更大的因由可能是，在獻公對太子、乃至公子重耳、夷吾的權力防範中，才幹不凡的驪姬是其得力的幫手，是堅定地與之站在一邊的重要角色。

那麼，獻公與太子申生的關係如何呢？

西元前六六一年，獻公將軍隊由一軍擴為二軍，自統「上軍」，太子統「下軍」，一道出擊，滅掉耿、霍、魏三國。但是，歸來後卻突然決定加築曲沃城牆，高規格安置太子。大夫士蔿感覺不對，認為獻公一下把太子推到這等地步，無異斷其繼位之路，故太子「不得立矣」，還「不如逃之」，以避「罪至」。

次年，獻公令太子帶兵打擊狄人「東山皋落氏」地區，在今山西垣曲縣一帶。大夫里克勸諫獻公，按古制太子可以隨君出征，或是在內「監國」，但不能直接「帥師」攻伐。誰知獻公卻冷然回答，「寡人有子，未知其誰立焉」，即我有兒子，還不知到底立誰。又教訓里克「立太子之道三：身鈞以年，年同以愛，愛疑決之以卜筮，子無謀吾父子之間」，意即立太子有三條規矩，體智相仿就根據年齡選擇，年齡相仿就根據國君喜愛選擇，喜愛難定就占卜選擇，你不必為我們父子操心。里克無奈退下，焦灼的太子急忙詢問「吾其廢乎？」，即問我會被廢嗎？里克只好盡量慰勉，特別囑其要注意「修己」、不要「責人」抱怨，以「免於難」。太子出征前，獻公又為之「偏衣」，並佩以「金玦」，就是穿上左右兩色的服裝，戴上有缺口的青銅環飾。如此舉動非常違背常理，隨同出征的大夫，個個都感到吃驚，認為這樣賜衣、賜玦，代表父子疏遠，意味著捨棄太子，甚至願其失敗，均感覺兆頭不祥。狐突甚至提出準備去國遠走，被他人以「違命不孝，棄事不忠」的為臣之道，告誡一番才平靜下來。

類似的記載說明，獻公對太子、乃至兩個成年公子重耳、夷吾已經不滿，彼此已有不淺的裂痕、不小的矛盾。換句話說，古代國君與等待繼位的兒子之間，屢見不鮮的衝突、爭執，乃至互不兩立的惡戰，在這裡似也初見端倪。有鑑於此，性格強勢的獻公，怎能不萌生罷黜太子，重換一個的意向呢？

因此，其後兩年，即西元前六五八年，獻公便「私謂」，即悄悄地對驪姬表示「吾欲廢太子，以奚齊代之」。而在一次冬祭獻公之父武公的盛典時，獻公卻「稱疾不與」，特意指派僅僅七、八歲的奚齊代其主持。以致有大夫進言太子，獻公讓該出面的你「不出」，不該出面的奚齊「在廟」，「子盍圖乎？」，即你該想點什麼辦法了吧？太子則回答「孝敬忠貞，君父之所安也」，自己不能「棄安而圖」，只好「其止也」，就這樣了。

還需要思考的是，驪姬歸獻公後三年，即西元前六六九年，就目睹了獻公「盡殺群公子」的慘烈屠戮，此後應也聽盡、並看夠了宮廷的同室操戈、骨肉相殘，對其中你死我活的冷酷，顯然感受得刻骨銘心，對自己兒子能否當上太子的巨大命運反差，乃至生死兩極，顯然太清楚不過了。既然如此，且已摸透獻公的心思，驪姬身為一位母親，尤其是有頗多伎倆的母親，怎能不絞盡腦汁、推波助瀾，為年幼的奚齊奪取最大利益與最可靠的保護傘呢？否則，在敢作敢為的獻公面前，她怎麼會有那麼大的膽量？所以，隨後發生的種種，其實與古往今來屢見不鮮的權力搏鬥廝殺並無本質差別，只因主角是一個女人，某些傳統史家過分的詰難，甚至演義式的妖魔化，未免有所偏頗，也大有冷靜分析、逆向認知的必要。

二　摸透夫君心思之後打出的連環重擊

獲得相當的地位優勢後，精明狡黠的驪姬，自然就會使出渾身解數，力求圓滿勝出。但是，當獻公最初「私謂」要廢太子、立奚齊時，驪姬並未欣然，卻轉而哭勸獻公，稱「太子之立，諸侯皆已知之」，又幾度「將兵」出征建功，怎能以「賤妾之故」廢之而立奚齊？如「君必行之，妾自殺也」。如此故作高姿態，勢必更易博得獻公好感，惑亂獻公的判斷，增加打擊對方的籌碼。接著，驪姬表面上到處「詳譽」稱讚太子，暗中卻不斷指使人「譖惡」誹謗太子；再重金賄賂獻公身邊的「二五耦」，即兩個玩偶式的寵臣梁五與東關嬖五，指使兩人屢進讒言、慫恿獻公，以「宗邑無主則民不威」之名，將太子派到曲沃守護「宗邑」祖廟，又以「威民而懼戎且旌君伐」，也就是安定民眾、震懾戎人、張揚國君功業之名，將重耳、夷吾派到邊陲的「蒲」、「屈」兩地戍守，分別在今山西隰縣、吉縣一帶。結果，唯有奚齊留在都城，造成朝野上下「以此知太子不立也」的印象。

這樣連續出手、漸有斬獲之後，驪姬終於對太子打出最狠的一記重擊。據《左傳》記載：在獻公「及將立奚齊」，即欲立奚齊為太子時，驪姬即與某「中大夫」設了一個圈套，對太子說「君夢齊姜，必速祭之」，獻公夢見你去世的母親齊姜，趕快祭祀亡靈啊！太子就鄭重「祭於曲沃」，並「歸胙於公」，奉來祭肉。因「公田」，即獻公外出狩獵，驪姬將肉「置諸宮六日」，在宮中放了六天，「公至，毒而獻之」，獻公回來後下毒送上。結果「公祭之地，地墳；與犬，犬斃；與小臣，小臣亦斃」，即獻公擺到地上祭地，地就隆起墳堆似的鼓包；給狗吃，狗就死了；給小官吃，小官也死了。驪姬乘機哭訴，「賊由大子」，害君的就是太子啊！太子聞訊驚恐，慌忙逃回曲沃，憤怒的獻公當即處死太子的老師杜原款。有人勸太子「子辭，君必辯焉」，要他去解釋，獻公就會明白；太子卻說「君非姬氏，居不安，食不飽；我辭，姬必有罪；君老矣，吾又不樂」，即父親沒有驪姬，睡覺睡不安穩，吃飯吃不飽；我去解釋，驪姬必然獲罪，父親肯定不高興，我也於心不安啊！又問太子「子其行乎？」，那你要出走嗎？太子回答「君實不察其罪，被此名也以出，人誰納我？」，即父親沒有釐清我無罪，背著壞名聲逃奔，哪會有人接納我呢？於是上吊自殺。

這段記載也被多種史書轉引，且屢有添枝加葉。如又名「左氏外傳」的《國語》中，將那個「中大夫」說成是太子的另一個老師里克，還稱獻公默許「殺太子而立奚齊」後，與驪姬私通的親信伶人優施，就帶著佳餚美酒前去宴請里克，優施又跳舞又唱歌，以逗樂旁敲側擊，迫使里克不敢干預。在《史記》中，則大大渲染驪姬哭訴獻公的表演，說太子對你這個父親「欲弒代之」，「況他人乎」，他所以如此，還不是因為「妾及奚齊之故」，我們母子倆願意遠遠「避之他國」或自殺，以免將來「為太子所魚肉也」，君王您原來「欲廢」太子，我還求情，如今可真是「妾殊自失於此」，自作自受啊！這番煽動，不啻火上澆油，當然會使獻公越發氣恨。所以，太子自殺未必沒有被迫的因素，其實《左傳》中就有「晉侯殺其世子申生」的明確記載，事後獻公還遣使赴別國通報緣由。甚至有記載說太子「受賜而死」之前，還曾對父親恭敬「再拜」，「稽首乃卒」，故後世將其尊稱為「恭世子」。

而在野史演義中，驪姬的表演就被編排得更加誇張了。稱驪姬告訴獻公，自己遭太子調戲，「欲前執妾手，妾拒之乃免」，獻公覺得素來守禮的太子不會這樣，驪姬就邀約渾然不知的太子一道遊園，又預先「以蜜塗其發」，因此引來大量蜜蜂「皆集其鬢」，假意呼喚太子驅趕，太子上前「以袖揮之」，卻讓遠處的獻公認為「真有調戲之事」，憤然要殺太子。驪姬故作委屈、替其求情，聲稱「宮中曖昧之事」不宜張揚，「姑忍之」。太子死後，老師杜原款被抓，當庭據理力辯，祭肉「留宮六日」，「豈有毒而久不變者」，大聲疾呼太子無罪，「天乎冤哉」。驪姬立即挑唆，太子如此皆因「原款輔導無狀」，「何不速殺之」？獻公就命力士用「銅錘擊破其腦」，使之死於非命。這些不斷添加的莫須有之事，都不過是在進一步強調驪姬之壞、獻公之昏，為傳統史家的結論，增補駭人的論據罷了。

太子申生死後，驪姬又詆毀重耳、夷吾，說太子下毒之事，二人「皆知之」，獻公更加震怒，兩人聞訊非常恐懼，分別跑回蒲城、屈城以求自保。第二年，獻公就委派一位名曰勃鞮的親信侍臣，率兵「伐蒲」。勃鞮到達後，重耳的部屬「欲戰」，但重耳表示「不可」，聲言「君父之命」，不能較量，否則「罪莫大焉」，決定放棄抵抗出奔。不一會，勃鞮衝了進來，命令重耳就地自裁，重耳急忙越牆遁走，勃鞮攔阻不及，卻砍去了重耳的一段衣袖。後獻公又派兵「伐屈」，夷吾率眾抵抗，久攻不下。第二年，獻公再次「伐屈」，夷吾終究「不能守」，只好逃到梁國，在今陝西韓城一帶。

三　獻公是非的換位審視與其死後的血腥政變

一場無情的宮廷糾紛暫告停歇，太子死得高尚；重耳走得理智；夷吾武力抵抗父親，似也情有可原。總之，這幾位「皆有賢行」，全然是獻公「得驪姬，乃遠此三子」，被壞女人蠱惑、蒙蔽而心志迷亂，強立奚齊為太子，導致越來越糟的悲劇結果。事件的起承轉合有明確的因果關係，傳統史家給出的結論，幾乎都是這樣褒貶分明。

然而，歷史的紀年卻寫得清清楚楚：正是在驪姬生奚齊僅四年的西元前六六一年，獻公將一軍擴充為二軍，同年滅掉耿、霍、魏等國。正是在獻公悄悄「私謂」驪姬欲廢太子的西元前六五八年，首次借道虞國，奪取了虢國在黃河北岸的軍政重鎮下陽。正是在獻公立驪姬為夫人、太子自殺的次年，即西元前六五五年，獻公派人「伐蒲」，迫使重耳出奔之際，卻再次借道虞國「假虞滅虢」，吞併了兩個極有戰略價值的國家。這就足以說明，獻公與驪姬最親近的幾年、與三個兒子衝突最激烈的幾年，恰恰是其開疆拓土最風光的幾年，二者的關係，絕非互為因果，而是平行並列。也說明此時的獻公絕不糊塗，遠未昏聵，察情斷事的頭腦沒有任何問題。

既然如此，驪姬對太子、重耳、夷吾的幾番淺薄中傷，就能使之輕易上當受騙？即使是一時衝動，過後能不斟酌、掂量嗎？可是，為什麼太子死後一年，獻公還要興師「伐蒲」？在重耳出奔一年之後，還要「伐屈」？據稱，還不惜動用一、兩百輛戰車討伐，為了一個女人，可能這樣小題大做嗎？三兄弟真的那麼無辜與冤屈嗎？在情節曲折、亦真亦幻的表象背後，必定潛藏著更為複雜的權力角逐內幕。

其實，《左傳》中已有隱約顯露，三兄弟培植的勢力日漸高漲，對獻公的君權、甚至君位的威脅，或許已到咄咄逼人的境地，處事強悍的獻公，怎能不堅決鎮壓？可見，人云亦云的習慣性論斷、正邪截然的是非定性，不一定就是歷史的原初真相，也很有換位審視的必要。須知，此後不久，獻公就詔令「無畜群公子」，並與眾大夫鄭重盟誓，就是對天保證，今後國君的子嗣，除太子以外的其他，都必須送往國外，國內一個都不准居留，世世代代務須遵守。也正是這項國策的長期執行，才使

「晉無公族」，基本上避免了宗室子弟間的君位爭奪，不也恰好說明獻公的果決與明智嗎？

西元前六五一年秋，獻公病故，十四歲的太子奚齊繼位。但里克等大夫卻想迎立重耳為君，就發動朝中的「三公子之徒」起來「作亂」干擾。對此，獻公可能早有預感，故在臨死之前，特意召見老臣荀息，懇切託孤。荀息深知此事不易，遂表示「臣竭其股肱之力，加之以忠貞。其濟，君之靈也；不濟，則以死繼之。」就是說，我願竭盡全力、捧出忠心扶持奚齊。若成功，是您的靈魂保佑；若不成，將以死相報。果然，獻公尚未安葬之時，里克就殺掉了奚齊。荀息再立獻公的幼子卓子繼位，可沒出一個月，不到兩歲的卓子，就又被里克殺害了，鬥不過這股勢力的荀息，只好「不負其言」，殉君自殺。驪姬的命運不詳，有傳說是被里克當街「鞭殺」而死。顯然，這場由里克製造的血腥政變，更加蠻橫、也更加殘暴。如此結局，無疑也證明獻公生前彷彿過激行為的合理動機，以及其最終的力不從心、事與願違。

殺掉兩個小國君後，里克等人先去請重耳回國繼位。但重耳的謀士均認為，國內情勢尚亂，變數太多，不宜應允。重耳遂藉口自己「負父之命」出奔，以致「父生不得供備灑掃」，「死又不敢蒞喪」，未能盡「人子之禮」，冠冕堂皇地謝絕了，於是里克等人就去改請公子夷吾。夷吾準備答應，但隨其一道出奔的大夫呂甥（又作呂省）、郤芮認為，貿然回國風險過大、「恐危」，主張「入虎穴者必操利器」，借助「強國之威以入」，才能鎮朝野、避凶險，而最近的強國就是秦國。於是，夷吾就派郤芮前去「厚賂」秦國，答應如助其事成，將割讓晉國「河西之地」，即黃河西岸的土地，共「五城」為酬，又致信里克許願，繼位之後必定重賞，授其「汾陽之邑」，即汾水西岸「田百萬」。秦穆公接見郤芮後，又派使者外出，以弔唁逝世獻公的名義，分別拜見了重耳、夷吾。暗中考察後，最後認定夷吾遠遜於重耳，扶弱更符合秦國利益，決定發兵助其歸國。這時盟主齊桓公「聞晉內亂」，也率多路「諸侯之師」趕來，共同將夷吾「立為晉君」。西元前六五〇年「夏四月」，夷吾正式登基，是為晉惠公，立其出奔梁國時所生的兒子圉為太子。

四　背信食言終遭報復而淪為戰俘的晉惠公

惠公上臺之後，對秦國卻轉而自食其言，背離信義。先派大夫前去「謝罪」，拒絕割讓承諾的土地，聲稱有大臣提出「地者先君之地，君亡在外」，豈可擅自「許秦」？自己雖然「爭之」，希望踐約，但群臣仍然抗拒，故此無法交付「河西之地」。對里克則更加無情，不僅未授「汾陽之邑」，反恐其「為變」作亂，派兵圍其家宅，逼令自殺。同時惠公還特意傳話，彷彿無可奈何地辯解了一番，說「微子則不及此」，即沒有您我不會有今天，但「子弒二君與一大夫，為子君者不亦難乎？」，即您殺掉兩位國君、一位大夫，讓您當君主，是不是有點太可怕呢？里克知道活不成了，除了再發幾句牢騷外，只好說「欲加之罪，其無辭乎？」，留下這句著名的喊冤成語後，「伏劍而死」。里克似乎死得很委屈、很悲愴，可當其殺害獻公兩個幼子時，又有什麼「辭」呢？宮廷爭權奪利，哪有什麼是非可言？所以，其實並無本質差異的事件，歷來對獻公鞭撻不盡，卻對其他人輕描淡寫，說白了，還不是那種認為女人是「禍水」的糟粕式文化情結在作怪嗎？這種千百年來陳陳相因的偏誤歷史觀，難道不值得後來者多一點逆向思考嗎？

惠公殺害里克的舉動，引起晉國一些大臣的不滿與恐慌。正在秦國的丕鄭，更遊說秦穆公，謀劃驅逐惠公、另立新君。後被惠公親信呂甥、郤芮等識破，惠公隨即殺掉回國後的丕鄭，同時殺掉「七輿大夫」，即惠公信不過、也懷疑是丕鄭同黨或親近太子申生與公子重耳的多位御用軍車主管將領。

西元前六四七年冬，晉國遭受饑荒，遂「乞糴於秦」，請求購糧。從晉國出逃秦國的丕鄭之子丕豹，聲稱惠公既「失天」也「失人」，力主借機討伐。但有明智大臣認為，「天災流行，國家代有」，「救災恤鄰」乃是道義。且如「重施」厚待，彼若「不報」，勢必自敗聲譽、民望大降，此時再行討伐，其國「無眾必敗」。最後穆公表示「其君是惡，其民何罪？」，也就是百姓有什麼罪呢？遂決定「輸粟」。據稱，秦國送糧的船隊，從本土出發直至晉國都城「絳」，一艘一艘「相繼」不絕，謂之「泛舟之役」。

不巧的是，次年冬，秦國也遭受饑荒，只得「乞糴於晉」。惠公一開始尚有猶豫，準備從答應割讓給秦國而後未給的那一帶送糧過去。有大臣認為，國君「以秦得立」，本已背約不交土地，「晉饑」時秦又大力救援，如今「秦饑」理應提供幫助。另有大臣卻認為，去年是「天以晉賜秦」，可惜秦國「弗知取」，還要傻傻「貸我」糧食，今年輪到「天以秦賜晉」了，我們怎麼「可以逆天」、違犯天意呢？主張拒絕「與之」。結果，惠公採納了錯誤建議，非但「不與秦粟」，還乘其困難之際，出兵「伐秦」。如此失德行徑，怎能不使秦國上下大為惱怒？

秦穆公算得上是位成熟的政治家，處事有氣度、有城府。據漢代典籍《說苑》記載：某次穆公出巡時「亡其駿馬」，即愛馬走失，便一路尋索、「自往求之」，發現一夥人「已殺其馬」，正要「共食其肉」。一看是穆公找來，「諸人皆懼而起」，都嚇壞了。但穆公見事已至此，卻說「吾聞食駿馬肉不飲酒者」太傷身體，然後便拿出美酒一一「以次」勸飲，「殺馬者」非常感動，紛紛道歉、「皆慚而去」。但就是這樣的人，也對惠公難以容忍了。

於是，又過了一年，即西元前六四五年，秦國一旦「歲定」獲得好收成，穆公就立刻親自「將兵伐晉」，越過黃河一路告捷，晉軍三戰三失，退至韓原，即今山西河津、萬榮一帶，形成暫時對峙的局勢。

是年九月，惠公親自統兵迎擊。開戰前，惠公令當年為「曲沃武公」駕車征戰的韓萬之孫韓簡，「視師」觀察敵我軍情。韓簡歸來後稟報，稱秦國「師少於我」，但「鬥士倍我」，勇敢者多。惠公問「何故」？韓簡坦誠回答，您「出因其資，入用其寵，饑食其粟」，出奔時用過人家錢財，回國時受過人家關照，饑荒時吃過人家糧食。「三施而無報，是以來也」，三次受恩皆沒有報答，所以人家來了。接著韓簡又強調：「今又擊之，我怠秦奮，倍猶未也」，這時您還要打，我們底氣不足，秦軍義憤填膺，說超過我們一倍，都還算是輕的了。

韓簡的用心，顯然是希望惠公自認理虧、主動撤兵。但惠公也不是輕易認輸的君主，稱「一夫不可狃，況國乎？」，即一個人都不能受欺侮，何況國家呢？遂令韓簡前去傳話，請戰曰：「寡人不佞，能合其眾而不能離也，君若不還，無所逃命」，意即敝人不才，但尚可集合部伍而不致散亂，君如不退，我也無路可走，只有一決高下了。穆公令人接見韓簡，也傳話曰，「君之未入，寡人懼之；入而未定列，猶吾憂也；苟列定矣，敢不承命」，意即君未回國時，我很驚恐；回國後君位不安，我很焦慮；如君認為諸事已定，敝人怎敢不接受挑戰呢？這樣的外交辭令，雖然彼此顯得溫文爾雅，但字字句句無不透露出好勇鬥狠之意，一場最後的較量已是劍拔弩張，在所難免。

當月中旬，雙方正式決戰，穆公、惠公均親自披掛上陣，厮殺得十分激烈。一邊是惠公的乘馬陷入泥濘，無法前進；另一邊是穆公受傷被困，眼看就要被俘。千鈞一髮之際，忽然有一群勇士衝了過來，奮不顧身，拚死抵抗，終於保護穆公、突圍而去。《說苑》中稱，這些人正是當年食馬肉、飲美酒者，故決心「出死」報恩。隨後，晉軍轉而潰敗，惠公反倒成為秦軍的俘虜。穆公快慰至極，下令傾倒美酒入河，與全軍將士痛飲祝賀，然後押解惠公回國，「以祀上帝」。

國君淪為囚徒，這是晉國從未有過的奇恥大辱。於是，眾大夫紛紛「反首拔舍」，意即披散頭髮，一路除掉雜草、露宿野外，悲慟不捨緊跟惠公而來。為此穆公似乎也有所感動，遂派人傳話，曰：「二三子何其戚也」，列位何至這樣悲戚，「寡人之從君而西」，帶你們國君西去，不正是要成就其直取秦國的「晉之妖夢」嗎？我「豈敢以至」，把事情做到頭呢？在不乏挖苦的語調中，多少給這些官員送了一份暗示不殺惠公的寬心丸。眾大夫立刻「三拜稽首」，曰：「君履后土而戴皇天，皇天后土實聞君之言」，您腳踩后土、頭頂皇天，皇天后土都已聽到此話，我們只「敢在下風」，恭敬等候了。實乃敦促穆公，說了就要算數。不過，真正保全惠公生命的關鍵，還在後面。

五　秦穆公夫人的剛烈死諫挽回了秦晉交惡

秦穆公夫人穆姬，是晉獻公之女。如今同父異母的弟弟，成為丈夫的囚徒，怎麼辦？於是，在穆公興高采烈歸來之際，凱旋的隊伍還未入城，穆姬就拉著太子、次子與女兒三個孩子

「登臺而履薪」，「以免服縗絰逆」，就是登上一座高臺，腳下踩著堆積的乾柴，命人捧起喪服去迎接穆公。且告之曰：「上天降災，使我兩君匪以玉帛相見，而以興戎」、大動干戈；但「若晉君朝以入，則婢子夕以死；夕以入，則朝以死」，即你們早上押著惠公進城，我晚上就死；晚上押著惠公進城，我早上就死，「唯君裁之」，夫君您看著辦吧！穆姬性格剛烈，敢作敢為，而穆公也真害怕一把火點起來釀成大禍，趕緊下令停止入城，將惠公拘禁於「靈臺」看管。

穆姬對惠公，原本並無好感。惠公歸國繼位前，她曾囑咐其好好照顧故世太子申生的孀妻賈君，並希望他「盡納群公子」，將獻公趕到晉國外的兒子召回。惠公卻無一兌現，還占有了賈君，穆姬不免怨憤。然而，惠公畢竟是父母之邦的君主，遭此凌辱，甚至可能被殺害，自己能無動於衷嗎？況且，凌辱了他、殺害了他，除了增加兩國的敵對與仇視外，還能有什麼呢？所以，這種貌似的張狂，就顯然包含著以死諫夫的決斷。穆姬此舉，也以有膽有識的典型，備受後世尊崇，被收入講述中國古代著名女子的《列女傳》。

當然，穆公並不想真的殺害惠公。在穆姬阻其入城而有大夫主張強行進入時，就曾明確表示「獲晉侯」已屬大勝，但「既而喪歸，焉用之？」，一回來即辦喪事，豈能如此？「且晉人戚憂以重我，天地以要我」，況且晉國人淒淒切切地懇求我，以天地挾制我；我如不顧「晉憂」，只會「重其怒也」，如自食「吾言」，殺之「背天地也」；這二者，均屬「難任」與「不祥」啊！因此，穆姬的強硬，就成為一種有力的助推，而迫使秦國某些激進臣僚冷靜下來，理智地思考對策，不再惡化兩國關係，並決定「乃許晉平」，與晉國講和。

被拘禁的惠公聞知，旋即派出使者回國，報告執政大夫呂甥，請其前來談判。呂甥頗具政治才能，對惠公忠心耿耿。鑑於當時晉國情勢非常混亂，為了維護惠公威信、凝聚民心，呂甥就指導使者編排一齣戲碼。首先「朝國人而以君命賞」，就是將國人召到宮門前，以國君的名義提供賞賜，並假傳惠公告示曰：「孤雖歸，辱社稷矣」，我縱可回來，卻有辱國家，還是「其卜貳圉也」，算個吉日讓太子圉繼位吧！這樣，無異於惠公在「罪己」檢討，自然令人感動，以致聽者「皆哭」。

接著，呂甥故意詢問大家，「君亡之不恤而群臣是憂」，國君危難中，不憐惜個人，仍憂慮諸位，其「惠之至也」，恩惠實在博大，我等「將若君何？」，該怎樣報答呢？進而，又宣布改易田畝制度、徵收賦稅、整頓武備等措施，勸誡大家只有這樣才能「甲兵益多」，復興國家。希望「群臣輯睦」、和衷共濟，使「好我者勸」，友朋砥礪、「惡我者懼」，仇家驚恐。於是情況漸趨安定，呂甥遂前往王城談判講和，具體地址應在今陝西大荔。

談判時，秦國的籌碼無疑強硬得多。因此穆公開口就問「晉國和乎」，晉國內部和睦不和睦呢？呂甥清楚，穆公是想要他說「和」，然後將其駁倒，得以提高要價。於是頓然回答「不和」，瞬間打亂了穆公原有的談判計畫。接著繼續陳述道：「小人恥失其君而悼喪其親，不憚征繕以立圉也」，「必報仇，甯事戎狄」，意即晉國民眾多以失掉國君為恥，時刻如同哀念亡親，並不惜加納錢糧、重整武裝，擁立太子圉登基繼位；甚至表示為了復仇，寧可投降戎狄。隨之話鋒一轉，曰：「君子愛其君而知其罪，不憚征繕以待秦命」，「必報德，有死無二」，意即晉國有識之士不然，雖深愛國君也知其罪，主張加納錢糧、重整武裝的目的，只是等待秦國釋放國君，屆時也定會報答寬宥之德，至死不存貳心，雙方觀念殊異，所以「不和」。

穆公聽罷，或許有點始料不及，只好問道：「國謂君何？」，晉國如何議論惠公的遭遇呢？呂甥對曰：「小人戚，謂之不免」，民眾悲傷國君難逃厄運，認為「我毒秦，秦豈歸君？」，我們損害過秦國，能「獲免」嗎？但「君子恕，以為必歸」，有識之士卻認為「我知罪矣，秦必歸君」，秦國會放回惠公。然後，呂甥又振振有詞說道，「貳而執之，服而舍之，德莫厚焉，刑莫威焉。服者懷德，貳者畏刑。此一役也，秦可以霸。納而不定，廢而不立，以德為怨，秦不其然。」意即有了貳心，可以拘拿；認罪臣服了，就應釋放，才是再厚不過的德、再威不過的刑，對認罪臣服者要令其懷德，貳心者始可使之畏刑。且秦國贏了這一仗，已足可稱霸，這時如果該讓其歸國，卻又遲疑，或廢掉他而不讓復位，美德肯定化為怨怒，想來秦國不會這樣做吧！

呂甥的應答不卑不亢，剛柔相濟，假借小人與君子兩種選項，在示弱謝罪的辭令中，暗示晉國的戒備強化與不會屈服，以謙恭的口吻敘說釋放惠公的道義收益；以負面解決的惡果逆證平穩處理的良性價值。正反對比，捭闔變幻，最終以委婉的揣度語氣提出希望，巧妙地促進了穆公的最後決策。穆公聽罷，點頭認可，正合「吾心也」。於是，秦國開始「饋七牢」，即以諸侯大禮款待惠公，供給豬、牛、羊「三牲各七」，將其供養起來。

六　晉懷公的魯莽決策造成君位性命雙丟失

不久，兩國立約媾和，以太子圉為人質等條件，換取被押兩個月的惠公歸國。是年冬，晉國又遇到饑荒，穆公得知後表示，「吾怨其君而矜其民」，我恨惠公但憐憫他的百姓，且「晉其庸可冀乎？」，晉國是輕易可圖的嗎？還是「姑樹德焉以待能者」，積點德等待明主出現吧！照樣資助了晉國大量食糧。西元前六四三年，太子圉正式赴秦，還有惠公一女也一起被當作人質，充當宮廷侍妾。同時，穆公如約歸還所占的河東地區，並為太子圉娶妻，史稱懷嬴，一說是穆公之女，其實更可能是穆公的宗室女子。

惠公歸國後，處決了某些自己不放心的大臣，但也注意「修政教」，獲得一定的效果，與秦國也彼此相安無事。西元前六三八年，惠公病重，居秦五年的太子，恐其他兄弟競爭，意欲回國先行占位，又擔心穆公不允，就計劃拋卻正常禮儀，不辭而別、祕密「逃歸」。臨走前問懷嬴「與子歸乎？」，帶妳一塊走嗎？懷嬴回答：「子，晉大子而辱於秦」，你是晉國太子而被秦國所辱，「欲歸不亦宜乎？」想回去不也很正常嗎？可「寡君之使婢子侍執巾櫛，以固子也」，國君安排婢女我為你捧毛巾、遞梳子，就是為了讓你安心，如果我「從子而歸」，跟你走，是「棄君命」，違背了君命，故「不敢從」，但我「亦不敢言」，不告發你就是了。因此，太子圉獨自逃出秦國，潛回晉國。第二年九月，惠公故世，圉繼位為晉懷公。

懷公登基時，年齡最多也不過十八、九歲。他深知，較之父親，自己更加勢單力薄。尤其是出奔在外的伯父重耳，裡裡外外都有不少追崇擁戴者，或與重耳暗通款曲，或對自己陽奉陰違，構成巨大的潛在威脅，每每想起這些，就如芒刺背，坐臥難安。於是，上臺伊始，懷公就匆忙下旨，強制推行「無從亡人」之政，就是凡跟從公子重耳出奔的流亡者，必須在限定日期返回國內，若「期盡不到者」，一律「無赦」，將予「祿籍除名，丹書注死」，「盡滅其家」，父子兄弟敢「坐視不召者」，同等治罪。

政令如此嚴酷，無非是為了盡快立威，掌控朝廷，瓦解異己，鞏固統治根基。老臣狐突是懷公的曾外祖父，兩個兒子均跟隨重耳在外，懷公命令立即將其召回，但狐突就是「弗肯」。懷公大怒，竟將其抓捕，當面脅迫，「子來則免」，你兒子回來方可赦免。狐突仍斷然拒絕，並援引「父教之忠」的「古之制」斥責懷公，稱既然兒子「名在重耳」已多有「年數」，若再「召之」，豈非「父教子貳」，令其投機叛變嗎？這樣的人又「何以事君」？懷公越發氣惱，竟將這位年邁的曾外祖父問斬。不過，也有狐突是獻公故世後，不願「久生亂世」，故以「死而報太子」的自殺一說。

懷公的動機或許可以理解，但魯莽決策、草率出手，卻顯得大失水準，毫無謀略。等於在羽翼未豐、立足不穩的弱勢背景下，向盤根錯節的強大權貴集團發起冒險的挑戰。所以，非但收效甚微，反而造成時局動盪，怨憤四起，「民不見德」卻「唯戮是聞」，不斷聽到殺聲，官員離心傾向滋長，擁立重耳的呼聲快速高漲，其歸國的時機已日臻成熟。

而秦國的穆公，對懷公偷偷逃跑的背約行徑，早已怒氣衝天，獲悉這些情報後，更加斷定懷公比惠公更難以信賴，不會維持多久，遂決心驅逐其人，出動兵馬扶助流亡在外的重耳奪權返國。懷公抵擋不住，倉皇出逃，這個政治鬥爭技術拙劣的可憐少年，登基半年就丟掉君位，且丟掉了小命。重耳如願以償，榮登大寶，成為赫赫有名的晉文公，晉國歷史上一曲強勁昂揚的英雄樂章，開始奏響。

第四篇
艱難玉成·鯤鵬待飛

晉文公重耳，是春秋「五霸」中，繼齊桓公之後的又一位霸主。不過，這裡的霸主並非後世理解的霸王，實際上就是諸侯列國的首領「方伯」，諸侯「會盟」處理問題、協調各種關係時，負責「執牛耳」——即割取牛血溶入器皿、再率眾「歃血為盟」的盟主。不過，在通往盟主的道路上，文公卻比桓公承受了更為艱巨的坎坷與更為複雜的磨練。

一　五賢士、諸才俊忠心追隨的重耳流亡

據記載，重耳「自少好士」、名望頗高，所以「年十七」時，身邊就有了親信「賢士五人」。這五人，《左傳》中為狐偃、趙衰、顛頡、魏犨、胥臣;《史記》中為趙衰、狐偃、賈佗、先軫、魏犨。狐偃就是狐突的兒子、重耳的舅舅，年齡可能比重耳更大一些；趙衰就是曾為獻公駕車征戰的趙夙的弟弟，也有其子之說；魏犨是曾為獻公擔當同車護衛的魏萬的兒子，也有其孫之說。另外幾位，同樣出身於卿大夫家族。兩個版本的記載有異，但個個都是不可多得的人傑。

西元前六五五年，重耳遭父討伐後，匆匆流亡出奔，逃到母親的故國「狄」，屬於狄人部族中一支「白狄」的地域，應該在今山西鄉寧、河津、吉縣以至黃河對岸一帶。此時，《史記》所記重耳已經四十三歲了，但五位賢士以及其餘才俊「不名者數十人」，一直忠心耿耿，緊緊追隨。

在母親的故國，重耳得到善意的關照與保護。為此，西元前六五二年，還與獻公派來討伐的人馬打了兩仗，終於迫其「兵解而去」。又以獲自他國的一對年輕姐妹相聘，重耳娶了妹妹季隗，生有二子；趙衰娶了姐姐叔隗，生子趙盾。但轉眼十二年過去，重耳在此卻是一事無成，隨從諸人也頗為焦慮。這時，齊國的賢相管仲恰已辭世，暮年的桓公銳氣不再，急「欲親晉」，以期將來友好互利。而從秦國獲釋的晉惠公，又擔憂諸侯結交重耳顛覆自己，便派出曾經討伐過重耳的內臣勃鞮赴「狄」行刺，幸未得手。所以狐偃進言，當初「來此也」，本非為「成事」，只是為了「困而有資」，危難時有個接濟之處，但「戾久將底」，安定太多便不免消沉，「底著滯淫」，消沉日久便不免耽於享樂，此時「誰能興之？」，還有人會奮發圖強嗎？且老邁的桓公也盼望「求善以終」，不會拒絕「遠人入服」。狐偃的論述入情入理，故眾人「皆以為然」，一致同意投奔齊國，尋求更好的成事路徑。啟程之前，重耳對季隗說：「待我二十五年，不來而後嫁」；季隗笑道「我二十五年」再嫁，「則就木焉」，早進棺材了，「雖然，妾待子」，我還是等你吧！

西元前六四四年的某天，重耳一行踏上了遙遠的征程。風餐露宿、跋山涉水，日晒雨淋，忍飢挨餓，嘗盡沿途苦楚，好不容易來到位於今河南淇縣的衛國都城，卻吃了一個結結實實的閉門羹。無論臣下如何勸說，衛文公就是不開門接待。魏犨、顛頡有點惱火，想要重耳臨城痛斥一番，但趙衰認為，我們是「蛟龍失勢，比於蚯蚓」，不必無端「責禮於他人」，還是隱忍為好。

於是，遭到冷遇的他們，唯有饑腸轆轆繼續前行，不得已只好向幾位正在田間吃飯的農夫求討。農夫對這幫狼狽不堪的流亡貴族，大概有點輕蔑，便順手抓起一塊泥土當食物，遞了過來。重耳本已鬱悶至極，更何曾受過這般侮辱？揮起皮鞭就要抽打。狐偃急忙制止道，此「天賜也」，泥土是蒼天賜您擁有土地的好兆頭啊！乃「稽首」拜謝農夫，將土塊「載之」而去。狐偃的言行彷彿是一種迷信，其實正是這位智商不俗的舅舅，機智地轉移重耳的慍怒，也等於對其進行一次即興發揮的挫折教育。

過了衛國，又經過多日的奔波，重耳一行終於到達了齊國。

二　齊國夫人的深明大義與曹國君主的淺薄無禮

果然，齊桓公見到重耳後，當即「厚禮」接待，迎入公館，設宴為之接風，令「廩人致粟，庖人致肉」，日日不斷。又將一位宗室女子姜氏許配給重耳，饋送車馬「二十乘」，即車駕二十輛、馭馬八十匹，重耳欣然「安之」。但次年，桓公就病重於床榻，其公子五人「各樹黨爭立」，彼此內訌「相攻」、鬥得一塌糊塗。桓公則被禁錮於寢宮，室內空空蕩蕩，無人理睬，以致

「飢而欲食，渴而欲飲」均「不可得」，最後竟「援素幭以裹首而絕」，形同自殺身亡，甚至「屍在床上六十七日」，「蟲出於戶」之後，他人「乃知桓公之死也」。

不久，公子無詭奪得君位，太子昭失敗出逃。可是數月之後，太子昭就在宋國襄公帶領的多國武裝支持下，殺了回來，處死無詭，並擊敗「四公子師」，才得以勉強登基。此後，齊國政局波動，自顧無暇，國力大降，諸侯不斷「叛齊」，霸主地位每況愈下。鑑於這樣的情勢，重耳一行人希望謀求齊國支援的想法，肯定已不能實現、難以如願，無疑應該另尋他途。

然而，重耳似乎在齊國過得非常滿足，頗感愜意，只圖眼下享福，故一拖拉，就又是幾年過去了，狐偃、趙衰等人不免焦灼。一天，他們祕密匯聚桑林，商討出走之策，恰好被一採桑養蠶的侍女聽到，便回去報告姜氏。誰知，姜氏為了滅口，竟先將侍女祕密處死，而後暗勸重耳，還是「趣行」，快走為好。重耳卻說，「人生安樂，孰知其他」，「必死於此」，我就願意死在這裡了。姜氏又懇切告誡道，自古「懷與安，實敗名」，你貴為「一國公子」，落難「來此」，「數士」緊緊跟從，皆「以子為命」，你卻不思「反國」，不想盡力爭取報答這些「勞臣」，我都為你「羞之」啊！如你再遲遲「不求」，「何時得功」、可成大業呢？重耳仍然拒絕，執意不走。

對於此舉，歷代常規解釋，都認為重耳墜入溫柔之鄉、舒服慣了，已有點玩物喪志，樂以忘歸，再不願四處奔波。可是，身在異國他鄉，其一言一行會不會受到某種監視？與之朝夕共處的女子，會不會承擔著特別使命？姜氏的說辭，會不會包含著試探的意味呢？所以，重耳這樣的應對，不能排除是一種非常機敏的藏拙和示愚，一種故作昏庸、無大志的掩飾與自我保護。

重耳的警惕情有可原，但姜氏的背景似乎並沒有那樣深奧，她應該是一位深明大義、頗具慧識的女性。於是就主動與狐偃、趙衰謀劃，姜氏自己先陪重耳痛飲美酒，將其灌至不省人事，二人再入內扶走，悄悄登車，偷偷離開齊國的都城而去。重耳酒醒後，見狀大怒，操起長戈就要直刺狐偃。狐偃說「殺臣成子」，殺了我能使你成事，「偃之願也」，我也認了。重耳說「事不成，我食舅氏之肉」，吃了你這個娘舅的肉！狐偃就說，我的肉「腥臊」，又腥又臊，「何足食？」，還值得吃嗎？實際上，正是狐偃的幾句調侃，化解了矛盾，統一了步調，使重耳踏上新的征程。而姜氏此舉也很受後世好評，在講述中國古代女子所謂「懿德義行」的《列女傳》中，更讚其「潔而不瀆」、高潔自重，能夠輔助「君子於善」。其中還有重耳登基後，隨即將其迎回，並封為正宮夫人，因此「遂霸天下」的溢美之說。

不久，重耳一行來到曹國。曹國國君曹共公為人淺薄，「專好遊嬉」。據說朝中養有「乘軒者」，即享受大夫車駕待遇者「三百人」，卻多是「里巷市井之徒，脅肩諂笑之輩」。此君好像還有點不夠成熟，聽說重耳是「駢脅」，就是幾條肋骨緊湊相連、長在一起，急欲目睹，竟趁其沐浴時，偷偷躲在薄紗帳外觀看。對此惡劣行為，曹國大夫僖負羈非常不滿，認為「晉公子賢」，又是流亡經過，豈能如此「不禮」，取笑客人的身體畸形呢？其妻也稱，「晉公子之從者」均為足可「相國」的能人，最終「必反其國」，也「必得志於諸侯」，將來壯大了，「討無禮」者報昔日之恨，曹國定是「其首誅」、第一個倒楣，建議僖負羈預先示好，留下後路。僖負羈就私下贈送重耳飯食一份，暗藏玉璧一方。重耳收下飯食，退還玉璧，也牢牢記住了他的恩德。

而後重耳一行路過宋國，宋襄公知「重耳賢」，故「以國禮」待之，並與齊國等同，也「贈之以馬二十乘」。繼而過鄭國，鄭國「不禮」。這樣，一路風塵僕僕，輾轉數月，重耳一行人終於到達了楚國。

三　從楚國的高規格禮遇到受邀至秦國後的夙願達成

楚國的成王久聞重耳之名，知其在晉國內外資望、勢力非同小可，故擬以「周禮享之」，就是「九獻，庭實旅百」，即敬酒九巡、宴會庭列滿百件禮品，以接待諸侯的最高禮節款待。重耳誠惶誠恐，不敢領受，準備辭謝。趙衰乃勸道，「子亡在外十餘年」，小國尚且怠慢「輕子」，「況大國」呢？今日幸蒙楚國高規格禮遇，應是「天開子」，即天意開恩於你的好兆頭，「子其毋讓」，不能不去，重耳遂赴宴並「以客禮見之」。

席間，成王備極熱誠，重耳彷彿也非常謙恭，在堪稱融洽的氣氛中，留下了一段絕妙的對話。成王首先問重耳：「公子若反晉國，則何以報不穀？」「不穀」是一種有點類似「寡人」的君王謙稱，即如果您將來返回晉國，您用什麼來報答我呢？面對成王所問，重耳回答：「子女玉帛則君有之，羽毛齒革則君地生焉。其波及晉國者，君之餘也，其何以報君？」意即美女、寶玉、綾羅、綢緞您樣樣不缺，鳥獸的羽毛與象牙、皮革，您國內富富有餘。晉國有的，不過是陛下一點零頭而已，我有什麼可以報答您呢？成王則堅持說：「雖然，何以報我？」總之是要問個究竟。重耳只好回答道：「若以君之靈，得反晉國。晉楚治兵，遇於中原，其辟君三舍。若不獲命，其左執鞭弭、右屬櫜鞬，以與君周旋」，就是說若蒙陛下護佑，回到晉國，將來如晉楚交兵、會戰中原，我一定先退避「三舍」，即九十里，倘若仍得不到您的寬恕，就只好執鞭彎弓、佩帶箭囊，與陛下較量一番了。因此，留下了一個表達讓步的成語：「退避三舍」。

重耳的回答，貌似即席逗趣，但無疑也隱含一種不可壓倒的咄咄氣勢。為此，楚國令尹，即軍政首席子玉非常惱怒，也深感這位潛在對手不可等閒視之，當即力請誅殺。成王卻予以否決，稱「晉公子廣而儉，文而有禮」，久「困於外」，還有那麼多人追隨跟從，且皆「肅而寬，忠而能」，人人都是「國器」，個個都是棟梁之材，「此天所置，庸可殺乎？」這是天命安排，豈能殺之？其實，成王的真正用意，應該是期待晉國有強者執政，抗衡正在崛起的秦國、以至齊國，將來坐收漁人之利。所以，幾個月後，當秦國邀請重耳時，成王便客客氣氣地說，「楚遠」隔著「數國」才能「至晉」，我不好幫助啊！而「秦晉接境」，「秦君」穆公又「賢」，「子其勉行」，您勉力爭取吧！乃「厚送重耳」以去。

西元前六三七年初秋，重耳一行抵達秦國。由於秦穆公決心要扶其上臺，照顧得更是周到之至，竟然一次為之「納女五人」，送了這麼多妻妾，其中還有懷公身為太子，入質秦國時的配偶懷嬴。對自己的這位侄兒媳婦，重耳不敢接納。這時，胥臣首先勸告說，我們既然想「結秦親而求入」，爭取回到晉國，而您還要「拘小禮」、違逆穆公，難道忘記「大醜」、大辱了嗎？另外幾位追隨者，也請其切莫拒絕，重耳「遂受」。「乃歸女而納幣，且逆之」，就是先將懷嬴視為解聘的懷公之妻，送回女家，再正式下禮定親、迎娶。婚後某天，懷嬴「奉匜沃盥」，捧著器皿淋水，幫重耳洗手，洗完後重耳隨便「揮之」，彷彿打發侍女一樣要她走開。懷嬴怒道，「秦晉匹也」，秦晉是平等的，「何以卑我？」，為什麼這樣蔑視我？重耳瞬間頓悟，深知伊人出身高貴、來路不凡，就趕緊「降服而囚」，應該是脫去長袍，像犯人那樣向懷嬴謝罪。

不久，穆公盛宴邀請重耳，重耳原擬讓狐偃陪同，但狐偃深知穆公文化素養了得，自認「吾不如衰之文」，主動提出讓趙衰出席。雙方觥籌交錯間，重耳首先起身賦詩〈河水〉篇進獻穆公，穆公賦〈六月〉篇應和。〈河水〉今已失傳，〈六月〉則被收入《詩經》，是頌揚西周宣王時期，輔佐「中興」的名臣尹吉甫出征凱旋之歌，穆公是借此預祝重耳成功，兼讚趙衰。趙衰立刻替重耳搶答「拜賜」，重耳隨之趨步降階，叩首稱謝，穆公也連忙走下一級，辭讓回敬，彼此非常客氣，十分友好。臨別時，趙衰「再拜」穆公，曰「孤臣之仰君，如百穀之望時雨」，殷切而又不卑微地表達了渴望相助的祈求。穆公從此「大歡」，三日一宴、五日一餉厚待重耳。

據記載，重耳還曾親自占卜，起卦語為「尚有晉國」，問的是可否歸國成功，所得結果據「筮史」推斷，謂之「閉而不通，爻無為也」，認為「不吉」。但胥臣卻說是「吉」，並引用《周易》中語，振振有詞地予以反駁，論述了一番「皆利建侯」的道理。其實就是盡量打消重耳的疑竇，鼓勵其樹立信心。而此時，晉國一些大夫聞知「重耳在秦」，也很快祕密潛來，請其歸國，聲言國內願為內應者「甚眾」。穆公越發斷定，懷公倒行逆施、氣數已盡，遂親自率軍禮送重耳「歸晉」，一直到黃河岸邊才道別返回。

西元前六三六年的「春正月」，保駕重耳的秦軍渡過黃河，很快「圍令狐，入桑泉，取臼衰」，連續攻下晉國數城。懷公急忙調動精銳部隊前來阻擊，穆公則派說客前往「晉師」勸降，其統帥自知無法抵擋，乃退兵於郇，在今山西臨猗。此後，雙方開始談判。二月十一日，狐偃代表重耳，與秦、晉兩國的大夫簽約，「晉師」背棄懷公，臨陣倒戈。十二日，重耳「入於晉師」，十六日「入於曲沃」、祭拜宗廟，十七日「入絳」，進入都城，在其祖父晉武公的祠堂，接受群臣朝賀，晉文公正式登基。懷公被迫出逃，但不久就遭到追殺而身亡。

四　透過其父取名來歷考辨晉文公的真實年齡

按照《史記》的說法：重耳四十三歲出奔，流亡十九年，成為晉文公時，已是六十二歲。對此，古今質疑者不少，論據各異，有時不免吵來吵去。然而，有一條非常重要的史料，卻幾乎無人注意，而其對此前的諸種說法，恰恰具有顛覆性的價值。

文公之父獻公名曰「詭諸」，這個古怪的稱謂是怎麼來的呢？據《左傳》記載：「初，晉武公伐夷，執夷詭諸，蔿國請而免之，既而弗報」，故謂「晉人」曰「與我伐夷而取其地」，「遂以晉師伐夷，殺夷詭諸」。綜合其他相關史料，這段話所包含的內容是：當初，晉武公曾出兵征伐「夷」地，有說法稱在今安徽亳州，但彼時武公勢力恐怕還未能及此，故實際具體位置不詳。

此次征伐中，武公俘虜了受封於此的周王朝大夫詭諸。後因臨近的蔿國說情，武公將詭諸釋放。可是，詭諸對蔿國卻毫無酬報，故蔿國轉而成仇，便挑唆武公，使之再次出兵征伐，最終殺掉了詭諸。為了紀念其事，武公就將死者的名字借來安到自己剛出生的兒子頭上。正是這個取名的時間，為考辨晉文公的真實年齡，否定《史記》等的錯誤記載，提供了確切的佐證。

武公在位三十九年，兩次「伐夷」與獻公出生之年，史書雖無記載，肯定均在此間。而獻公於西元前六七七年繼位，在位二十六年。那麼，即便是武公一登基就首次「伐夷」，第二次「伐夷」生下獻公，也至少應該在首次之後的一、兩年。可見，獻公繼位時，年齡最大不會超過三十八歲，加上在位年齡，壽命最長不會超過六十四歲。如此推算，獻公二十二年，即西元前六五五年「伐蒲」，迫使四十三歲的重耳出奔時，獻公此時最大也不過六十歲。這樣的話，獻公生重耳時的年齡，則可能僅僅只有十七歲。

然而，武公上臺第一年就肯定「伐夷」了嗎？第二年肯定又去「伐夷」了？兩次「伐夷」會沒有一定的時間間隔嗎？從某些零星史料判斷，顯然不是。由此看來，獻公生重耳的年齡，只會比十七歲更小。所以，就算獻公早婚，就算如某些史書所說，重耳是其長子，這樣的事情能有多大可能呢？

況且，還有不少其他史料可為旁證。譬如：正是在獻公派人「伐蒲」、迫使重耳出奔後不久，獻公的女兒穆姬嫁於秦穆公，曾以從虞國俘獲的奴人百里奚等為陪嫁，後百里奚大獲重用，成為秦國名相。如按某些史書所說，穆姬比重耳大，就必然已超過四十三歲，豈不快成老婦？怎麼能嫁給年僅二十七歲的穆公，又為之生下好幾個兒女呢？就算穆姬比重耳小，能小過二十多歲嗎？這樣的事情可能嗎？

再者，重耳出奔時，舅舅狐偃一直相伴，其年齡有大重耳十八歲之說。若如此，重耳六十二歲歸國成為文公時，他已是耄耋高壽八十歲，至少也是六十五、六歲了。可是，四年後晉楚「城濮之戰」，狐偃不僅是贏得首功的重要謀臣，還身為上軍將領、親自出陣，這樣的事情可能嗎？

鑑於上述分析，所謂重耳四十三歲出奔之說，真實機率微乎其微、幾近於零。

在《左傳》中還有一段記載，來自一百多年後晉國名臣叔向的追敘，稱「我先君文公」，「好學而不貳，生十七年，有士五人」，「亡十九年，守志彌篤」。可此處只說文公出生後十七年即有士追隨，名望很高，流亡十九年志節越堅，並未認定其十七歲出奔。另一部史書《國語》，就有「晉公子生十七年而亡」的確鑿斷語，並被後世某些史家採信，如此文公的登基年齡就變成三十六歲。但《國語》其實是戰國或漢代學者的編纂之作，西晉學者傅玄早就說過，「凡有共說一事而二文不同」時，「必《國語》

虛而《左傳》實」。所以，《左傳》更加可信，文公出奔的年齡，無論《國語》還是《史記》，皆為錯誤，實際上顯然應大於十七歲而小於四十三歲。不過，類似這樣撲朔迷離的疑竇與永遠說不清的懸案，在中國遠古歷史的深處，並不鮮見。

五　登基伊始的生死危機與寺人披的告密

晉文公歸國之初，固然「晉人多附」，敵對勢力同樣非常強大，情況格外複雜。如何樹立威信，安撫臣僚，穩固朝綱，收攏異己，平衡諸多利益關係，解決紛繁的矛盾糾葛，對晉文公來說，都是極其艱巨的考驗。對此，舅舅狐偃可能早有清楚的預估，因此還在歸國的路上，來到黃河岸邊後，他就取出臨行前穆公贈送的名貴玉璧給重耳，說多年「從君巡於天下，臣之罪甚多矣」，我的罪過太多了，「臣猶知之」，「況於君」？所以，請允許我告別，並「從此去矣」。狐偃的話卑中有亢，意味深長。重耳聽罷，立刻將玉璧投入河中，毅然發誓，「若反國」後不能與舅父等同心共政，就讓「河伯視之」，即讓黃河之神看著吧！

狐偃身為長輩，表面上是在表示功成身退，以躲避今後可能出現的災禍。實際上，卻是在探問公子重耳的城府，掂量重耳會不會遺忘初衷，警示重耳身為將來的國君，應該如何待人、怎樣處事。然而，坎坷跌宕的人生磨練，酸甜苦辣的豐富閱歷，畢竟已使重耳學會了很多，具備相當清醒的頭腦、機敏的思維、足夠的自知之明，以至應對難題時，達到通達、明智、靈活、果斷。所以，重耳不僅高水準地通過了狐偃的測試，也進而成功破解了登基伊始的諸種挑戰、乃至生死危機。否則的話，很可能在其御座未暖之時，就已遭到殺身之禍。

當年，公子夷吾和重耳一樣，因遭到父親獻公的討伐而出奔，大夫呂甥、郤芮一直追隨夷吾在外。夷吾繼位為晉惠公，被秦國俘虜後爭得釋放，繼而安定大局，及至輔佐惠公之子懷公上臺，呂甥、郤芮都是左膀右臂、頂級功臣。懷公派兵阻擊重耳回國時，統帥也是他們，但兩人迫於形勢，放棄抵抗，同意擁立重耳登基。可是事後不久，兩人擔心新君報復，就有點「悔納文公」了。於是他們又開始祕密策劃「作亂」，準備焚燒宮室、害死文公。這時，文公歸來不過月餘，呂甥、郤芮的部屬附庸多數仍在掌權，根系頗為深廣，故自恃政變必成。誰知卻在關鍵環節出現致命紕漏，就是寺人披的告密。

寺人披，即當年奉獻公之命「伐蒲」捉拿重耳的那位勃鞮，重耳越牆逃跑時，還砍去其一邊衣袖，惠公時期又奉命赴「狄」行刺重耳未遂。寺人，即後世所稱、被閹割的宮廷宦官，而在周代卻多指宮中的侍御小臣。而這個寺人披，更應該是位有點本事、精通武術的角色。否則，獻公、惠公怎能將這樣的大事，託付給一個身體有殘缺的弱男子呢？

呂甥、郤芮或許認為，寺人披得罪文公最多，恐懼肯定最重，與之聯合定會一拍即合。誰知，寺人披得知兩人的密謀後，就趕來「請見」文公。文公當即「讓之」，就是斷然拒絕，並派人傳話譴責道：「蒲城之役，君命一宿，汝即至。其後余從狄君以田渭濱，汝為惠公來求殺余，命汝三宿，汝中宿至。雖有君命，何其速也。夫袪猶在，汝其行乎！」意思是：獻公命你討伐蒲城的我，君令次日到達，你當天就趕來了；我在「狄」時與狄君狩獵於渭水之濱，惠公命你借機殺我，令三日到達，你第二天就來了；雖是奉命，也太積極了吧！如今，被你砍去的衣袖仍在，請你快點走開！耿耿於懷之中，文公顯然帶著溢於言表的怨憤。可是，寺人披非但不走，還傳話進來，指教文公：「臣謂君之入也，其知之矣。若猶未也，又將及難。君命無二，古之制也。除君之惡，唯力是視。蒲人、狄人，余何有焉？今君即位，其無蒲、狄乎？齊桓公置射鉤而使管仲相，君若易之，何辱命焉？行者甚眾，豈唯刑臣。」意思是：我以為您受難多年後回國，應該懂了點道理，如果仍然沒懂，災難馬上又將到來。對君命不懷貳心，此乃古訓。除掉國君所恨之人，就要盡力而為。至於當時您是蒲人還是狄人，我管得著嗎？如今您雖然即位，敢確保就不會再有蒲、狄之難嗎？齊桓公不計管仲「射鉤」謀刺之仇，用為國相，您要是做不到這些，還用下令要我走開，晉國想走的多了，豈止罪臣一人呢？

寺人披的品行姑且毋論，這番辯駁卻是針針見血，句句有理且又暗含玄機。城府老到的文公，頓時悟出了奧妙，連忙剎住怒氣、態度突變，請其入內「見之」，才得知這個危險資訊。文公急召狐偃祕密磋商，商定先行布設疑陣，暫避鋒芒。於是，文公稱病不出，在「國人莫知」實情時，與狐偃暗暗離開都城，走小道「微行」而去。同時派人速報秦穆公，並與其密會於黃河之畔的王城，故址在今陝西大荔。

不久，呂甥、郤芮果然縱火，但宮室焚毀卻「不得文公」，又遭到文公擁護者的抗擊。兩人無計可施，「引兵欲奔」，穆公則假意邀其前來晤面，「誘而殺之」。然後，穆公送精銳衛隊三千人保護文公，入晉「實紀綱之僕」，即都是得力、具有管理才能的僕從。

六　小吏頭須的獻計與介之推故事的世俗化演變

呂甥、郤芮事件平息後，文公隨即宣布大赦，凡參與「作亂」以及歷年來各色過錯人等，一律既往不咎，按照原職續用。然而，兩人的餘黨畢竟太多，「雖見赦文，猶不自安」，及至謠言四起，文公深以為憂。就在這時，有個小人物頭須前來求見。

頭須原本是文公流亡時的「守藏者」，就是負責保管財物的隨從小吏。流亡途中，頭須大概感到前途無望，就「竊藏」而逃回晉國，使文公一行「飢不能行」，無錢無糧，十分狼狽。因此，文公並不想接見他，立刻「辭焉以沐」，以正在洗頭這樣的輕蔑理由予以拒絕。但頭須卻請僕人傳話曰：「沐則心覆，心覆則圖反」，人一洗頭，心就朝下，心一朝下，必定頭暈，所以「吾不得見也」；又云「國君而仇匹夫，懼者甚眾矣」，即堂堂國君記恨一介小人，將來擔驚受怕者能少嗎？文公聞知此言，頓有所悟，於是馬上接見。頭須乃獻計道，我的「竊藏」大罪，國人盡知，如能妥當處理，讓大家都看到您不念舊惡，不就放心了嗎？文公聽罷，甚喜，遂特意請頭須為自己駕車，巡視全城，又重新起用其「掌庫藏之事」。這樣，謠言不攻自破，異己陣營逐步瓦解，局勢一天天平靜下來。

不久，文公開始獎賞「從亡者及功臣」，對危難時刻追隨他的人、在國內支持過他的人，「大者封邑，小者尊爵」。其間，有位「從亡」的小臣壺叔向文公發牢騷：您「行賞」三輪了，還「不及臣」，請問我有何罪過？文公耐心回答：以「仁義」引導我、以「德惠」提醒我的，「受上賞」；輔助我行動最終成事的，「受次賞」；冒著「矢石」保護我、有「汗馬之勞」的，「復受次賞」；其他為我出力的，再受更「次賞」；別著急，「三賞」過後，就輪到你了。這樣，大家依次各得其所，皆大歡喜。不料，文公卻忘記了一個人，就是介之推。

據《左傳》記載：介之推「不言祿」，沒有自己爭取賞賜。他認為文公「主晉」是天「置之」，既然是天意安排，有人「以為己力」，不就等於胡吹嗎？「竊人之財」都是強盜，何況「貪天之功」呢？可現在，「下義其罪」，大家紛紛誇耀的，其實是罪過；「上賞其姦」，上面獎勵的，其實是奸徒，如此「上下相蒙，難與處矣」，自己無法再身處其間了。其母要他也去「求之」，他覺得既不苟同、還去仿效，罪過豈不是更大了，就與其母上山隱居「而死」。介之推在文公追隨者中，地位、身分似乎不高，從而才被忽視。但文公知道後，還是非常後悔，急忙尋找，仍然「不獲」，遂封「綿上」為其祭田，「以志吾過，且旌善人」，希望以此永記自己的過失，彰顯高尚的人。文公認錯誠懇，補救得體，全然是一個正面形象。

《史記》中則這樣記載：介之推未獲獎賞，是由於文公有緊急軍務，因故耽擱。但仍有「從者憐之」，而「懸書」宮門曰，「龍欲上天，五蛇為輔。龍已升雲，四蛇各入其宇。一蛇獨怨，終不見處所」，意即「五蛇」輔佐「龍」升天了，「四蛇」名利雙收，唯獨「一蛇」有怨氣，也不知跑到哪裡了。於是，文公趕緊派人去找，得知其已隱居「綿上山中」，便環山「封之」，「號曰介山」。此處所記，文公尚可，而介之推就顯得多了一些世俗化的淺薄與官場濁氣。

那麼，「綿上」到底在何處？後世廣傳至今的介休綿山，實為杜撰之談，其真實之地，應該是距當時晉國都城很近的翼城小綿山。《左傳》記載得非常明確，西元前五六〇年，晉悼公曾「搜於綿上以治兵」，就是在那裡檢閱軍隊，調整將帥與序列，依照當時的條件，這樣的「大搜」之禮，絕不可能舉行在四、五百里之外的介休。且到西元前五〇四年，晉國重卿趙鞅還在「綿上」款待過宋國使臣。如果「綿上」在介休，趙鞅怎麼可能到那麼遠的地方設置酒席呢？

後來，介之推的故事就有了更為離奇的版本：說文公流亡時，斷炊於衛國，「飢不能行」，「休於樹下」，介之推就割下大腿肉，熬成肉湯「以進」。文公非常感動，誓言將來一定重賞他，結果封賞時，恰恰忘了他。故得知介之推隱居後，文公親率部下圍山呼喚尋找，卻毫無音訊。為了逼其露面，文公便下令燒山，介之推終不妥協，「子母相抱」，「死於枯柳之下」。百姓敬佩此人，就年年在其忌日「禁火」紀念，這就是「寒食節」的由來。這樣，介之推變成了英雄，文公變成一個忘恩負義的形象、做事殘忍的典型。然而，介之推割下自己的大腿肉，還能從容熬湯嗎？一向謹慎的文公，不懂燒山只會置人於死地嗎？介之推如此激烈地拒人補過，不是也有點性格偏執、心胸狹隘嗎？所以，恣意發揮的小說家之言，也不過是一種黎民士庶的怨君情緒、功利心態所展示的、更加世俗化的反映而已。

總而言之，文公透過如此這般的努力，坐穩寶座，班底日漸牢靠，較快地完成了從公子到君王的角色轉換，出奔期間所納季隗、姜氏、懷嬴等幾位女子，也相繼榮耀歸來。諸事具備，春秋「五霸」中的第二位霸主，真正的發展開始了。

第五篇

霸業偉烈・鴻圖大展

春秋「五霸」中，被史家公認、毫無爭議的，實際上只有齊桓公、晉文公兩位。桓公在位四十多年，登基時不過初出茅廬，完全可以循序漸進，從容建樹。文公在位不到九年，且上臺時已是生命闌珊，就必須飛步跨越，一鳴驚人。因此，如果說桓公的一生是緩慢綻放的絢麗，那麼文公展現的，就是突然耀眼的燦爛。可惜桓公晚年信任小人，陷入昏庸，導致兒子之間奪權內戰，齊國霸主地位從此一蹶不振。而文公，不僅擁有獻公奠定的雄厚基礎，擁有大批優秀的臣僚為其臂膀；更甚者，歷經漫長歲月的風雨洗禮，流亡途中的世事磨練，對多國政事成敗得失的近距離考察，早已極大地成熟了心智；提升了認知；具備了運籌帷幄的傑出才能。這樣，當多國諸侯錯綜複雜的親仇關係與利益衝突，亟待新的強者鼎力仲裁、居高掌控時，橫空出世的文公，也就成為當時歷史的最佳選擇。

一　嶄露鋒芒的平息「王子帶之亂」

在文公「歸晉」的當年，即西元前六三六年，周天子襄王宗室發生了「王子帶之亂」。王子帶也稱太叔帶，是襄王異母弟、其父周惠王與繼任王后之子，由於頗受寵信，幾乎被破例立為太子。所以，他早在西元前六五一年襄王登基時，就頗有不服。過了兩年，即招來多路「戎人」兵馬「同伐京師」，「入王城，焚東門」，企圖奪權。後被秦穆公、晉惠公聯合擊退，流亡齊國躲避十二年，西元前六三八年被赦返回王都雒邑。但不久，王子帶竟與襄王的王后，即「狄人」首領之女隗氏私通，隗氏因而被廢，引起「狄人」怨憤。西元前六三六年，部分周大夫就勾結「狄人」兵馬發難，擁立王子帶稱王。襄王不敵，其親信大夫多位被俘，襄王只好逃往鄭國，派人請求秦國、晉國救駕。

文公得悉後，與群臣議決，狐偃立刻進言：桓公所以稱霸，「惟尊王也」；支持蒙難的周天子，捍衛「大義」、折服諸侯，最上策「莫如勤王」，此正是「啟土安疆」的難得時機；如果猶豫遲疑，秦國勢必搶先，盡占風頭，我們「人將焉依？」怎能爭得列國擁戴？接著又烤灼龜甲「卜之」，得卦為「吉」；用蓍草推演，仍然是「吉」，文公大悅。但此時，秦國已經陳兵黃河之濱，準備「納王」。於是，文公緊急派人「行賂」於「草中之戎與麗土之狄」，就是向占據今山西晉東南地區的部族花錢買路，由趙衰、顛頡、魏犨等統領大軍，自己與狐偃居中運籌，借道直線出擊。同時派人拜見秦穆公，聲言晉國足以「代君之勞」，不敢煩您「大軍遠涉」。穆公只好故作姿態表示，文公「初為政」，「無大功何以定國，不如讓之」，下令收兵而去。

文公揮師首戰，志在必得。故大軍不到一月，就於西元前六三五年三月迅速趕到陽樊。隨即分兵兩路，一路迎接襄王，直逼王子帶的盤踞地「溫」。四月，晉軍護衛襄王「入於王城」，繼而破「溫」大捷，王子帶被殺，變亂徹底平息。襄王因其弟陰謀篡位、無力抵制，已心悸多年。如今，文公召之即來，拯救危難，除掉心腹大患，當然樂不可支。於是，襄王賜御宴，餉醴酒，隆重接受文公「朝見」，並封賞文公「陽樊、溫、原、攢茅」四邑，在今河南溫縣、濟源、修武一帶。這樣，文公不僅獲得今河南西北部大片土地，擁有未來進兵中原的前端地帶，更贏得極大的榮譽。據稱文公「謝恩而退」時，王城雒邑之民「填塞街市，爭來識認晉侯」，嘆曰「齊桓公今復出也」。

不久，文公著手接管襄王封賞之地。陽樊人不服，文公就派兵包圍，準備強攻。當地守臣登城疾呼：「柔中國」須用德行，「威四夷」才用兵刑；動輒就要殘害民眾，難道不知「非禮」嗎？這裡居住的哪個不是周天子的「親姻」，你們就來俘殺吧！文公聞知，馬上傳令撤圍，願留者自便，願走者放行，很寬容地解決了問題。

是年冬，文公親自率兵接管「原」地，只命帶「三日之糧」，承諾全軍只圍三日，「不降」就撤兵。三日到期後，文公正欲撤走，恰好暗探來報，「原」已支撐不住，即將崩潰。部下勸其稍等，文公卻回答：「信，國之寶也」，是「民之所庇」、百姓之依靠啊！得此地而「失信」，「何以庇之？」，怎能讓百姓感到安全？肯定「所亡滋多」，損失更大。因此堅決撤兵，「原」人深受感動，反而趕來懇請歸降。

這則故事多部史書均有記載，而《韓非子》中的版本最有意思：說文公令帶「十日糧」，與將士「期十日」攻下，可「至原十日，而原不下」，文公下令「擊金而退」。此時有人密報內情，稱「原三日即下矣」，故群臣力諫請「君姑待之」，但文公堅決「罷兵而去」。「原」人聞之非常欽佩，覺得「有君如彼其信也，可無歸乎？」，有國君這樣講信義，能不歸順嗎？「乃降公」。這件事讓「衛」人知道了，也覺得「有君如彼其信也，可無從乎？」，有國君這樣講信義，能不追隨嗎？也來「降公」。此後，「孔子聞而記之」日「攻原得衛者，信也」，對其給予充分的肯定。

在成功平息「王子帶之亂」的前前後後，文公廣納群言，擘畫周全，決策應對匠心獨運，展現了少有的雅量、超卓的行事手法和大國君王開明、穩健的人格風範。初次亮相，即嶄露鋒芒，聲名鵲起。然而在成就霸業的征程中，還有更高的峰巒等待他去登攀。

二　大力改制變革贏得的「政平民阜，財用不匱」

文公登基後，很想儘早「用民」，速展鴻圖。但狐偃認為：晉國混亂日久，「民未知義，未安其居」；「民未知信，未宣其用」。所以，文公以拯救襄王教民知「義」；又以攻「原」退兵教民知「信」，同時注意「利民」、「懷生」，讓百姓受益獲利、安定生活，以致「民易資者不求豐焉，明征其辭」，做生意的百姓誠信了，明碼實價不貪暴利。這時，文公再問狐偃「可矣乎？」，這樣可以了吧？狐偃卻回答「民未知禮，未生其共」，即百姓還未能敬畏禮法，做到同心同德，令行禁止。文公贊成，「於是乎大搜以示之禮，作執秩以正其官，民聽不惑而後用之」，也即舉行盛大閱兵，以使百姓感受禮儀秩序的威嚴；設立監察大員以糾正官風；待民眾真正是非分明之後，再採取舉措。基於此，文公決計進一步厲行新政，剔除弊端，開始了大幅度的改制變革。在《國語》中，詳盡紀錄了文公變革的具體內容：

公屬百官，賦職任功。棄責薄斂，施捨分寡。救乏振滯，匡困資無。輕關易道，通商寬農。懋穡勸分，省用足財。利器明德，以厚民性。舉善援能，官方定物，正名育類。昭舊族，愛親戚，明賢良，尊貴寵，賞功勞，事耇老，禮賓旅，友故舊。胥、籍、狐、箕、欒、郤、柏、先、羊舌、董、韓，實掌近官。諸姬之良，掌其中官。異姓之能，掌其遠官。公食貢，大夫食邑，士食田，庶人食力，工商食官，皁隸食職，官宰食加。政平民阜，財用不匱。

其總體意思就是：要根據功績，授任官位；要廢除舊債，免除徭役，施捨恩惠，散財給孤寡；要救濟窮困之人，扶持懷才不遇之士，資助一無所有的人；要減輕關稅，暢通商路，降低田賦，寬免農民負擔；要鼓勵耕作，宣導互幫互利、勤儉節約；要改進方法，施行德教，提升百姓素養；要舉薦善者，選拔能人，制定章程，考核優劣，確立名分，積極培養；要顯揚傳統卿族，大力推進尊賢、敬貴和關愛親屬、敬重老人、禮待賓客、友善故舊等良風美俗；要使多年來勛業卓著的諸家族人士執掌要職，對姬姓同族中的良才以及外姓能人，分別授予不同官職。從國君、大夫到士庶等所有階層，對其生活來源、分配方式進行了切合實際的詳細規定。

諸如此類的改革內容，政治、經濟、教育等面面俱到，官制、民生、世風等樣樣涉及；起點高，力度大，涉及廣，氣魄宏偉，視野開闊，掌握症候，注重務實，細化對策，遠遠走在諸侯列國的前列，為進一步富國強兵，高度完善了制度建設。其結果就是「政平民阜，財用不匱」，社會安定，百姓收入增加，公私花銷皆無短缺。所以，文公新政受到古今評論家的一致讚揚。

那麼，為文公變革出謀劃策、具體設計的關鍵人物是哪一位呢？

《墨子》中有言，「齊桓染於管仲、鮑叔，晉文染於舅犯、高偃」，「所染當，故霸諸侯」，就是說桓公受管仲、鮑叔薰染，文公受舅犯、高偃薰染，薰染到位，從而實現霸業。所謂「舅犯」，就是文公的舅舅、也名咎犯的狐偃。此後又有《韓非子》中言，「管仲毋易齊，郭偃毋更晉，則桓、文不霸矣」，就是說管仲不變革齊國，郭偃不變革晉國，桓公、文公霸業難成。這樣，高偃、郭偃就成為一人。但是，最接近當時真實歷史的《左傳》，卻沒有二者之名，只有一個晉國宮廷預言吉凶的占卜師，名曰卜偃。到了《戰國策》，有了「燕郭之法」一說，而那個被秦國「車裂」慘死的變法家商鞅，則乾脆將「燕郭之法」叫作「郭偃之法」。於是，後世有學者推想，「高與郭，聲之轉也」，高偃、郭偃即「晉大夫卜偃也」，於是這三個「偃」就被捏合為一人，卜偃遂被認定為文公變革的設計者，千百年來幾乎成為通方之論。

然而，《左傳》明確記載，這套方案在文公歸國登基伊始即已提出，故應該在其流亡期間就有初步規劃，怎麼可能全然來自一位宮廷占卜師呢？且《史記》記載的追隨文公出奔者中，即有「狐偃咎犯，文公舅也」的表述，就是說「狐偃咎犯」同為一人。那麼，為什麼《墨子》中的「舅犯高偃」就一定是兩人呢？何況，在《韓非子》中也有「桓公以管仲合，文公以舅犯霸」的記載，又該如何理解？據此，再參照才幹與事蹟綜合判斷，方案的真正設計者，更可能就是狐偃，高偃、郭偃均不過是對狐偃的誤記而已。所以，「郭偃之法」，乃至後來被孔子盛讚的「被廬之法」，其實就是「狐偃之法」。

總之，透過變革改制，文公有效地調整了上層建築結構，盡量平衡各種利益關係，激發百姓的生產熱情與責任意識，推動社會的全方位進步，各行各業繁榮旺盛，增值迅速。其贏得的結果，就是《國語》中所概括的八個字：「政平民阜，財用不匱」，政局非常平穩，民眾也很富裕，國家的財力足夠使用、毫不匱乏。

三　晉文公的精彩逸事展現的英主風範

與此同時，文公自己則始終保持一種對執政理念的極致化追求，保持一位英明君主應有的睿智、清醒、冷靜、大度以及難得的慎思慎行、自律自警。為此，他也留下不少發人深省的精彩逸事。

古代狩獵風氣甚盛，某次文公外出狩獵，「逐麋而失之」，即讓一隻將要到手的麋鹿跑了，就去問一農夫「吾麋何在」？農夫脾氣似乎很倔，明知是國君，卻用腳指著說，「如是往」，從這裡跑那邊去了。文公納悶，便說：「寡人問子，子以足指，何也？」，為什麼這樣無禮？農夫「振衣而起」，道：真想不到「人君如此」啊！「虎豹之居也，厭閑而近人」，虎豹厭倦了偏僻，靠近人類，故而被擒；「魚鱉之居也，厭深而之淺」，魚鱉厭倦了深水，游到淺水，故而被抓；「諸侯之居也，厭眾而遠遊」諸侯厭倦了百姓，遠出遊樂，「故亡其國」；詩云「維鵲有巢，維鳩居之」，鳩占鵲巢知道嗎？「君放不歸，人將君之」，國君四處跑不知還，恐怕別人就快代替您了。文公深感在理，也不免憂懼，曉得此人是位智者，連忙致謝，放棄追麋，帶著「善言」欣然返回。

又一次，文公到虢國舊地狩獵，與一老人閒談。文公問：「虢之為虢久矣，子處此故矣，虢亡其有說乎？」即虢國存在很久，您又常居於此，對其亡國有何看法呢？老人回答：「虢君斷則不能，諫則無與也；不能斷又不能用人，此虢之所以亡」，虢君決策無能，諫言不聽，又不會用人，亡國就在於此。文公歸來後，說與趙衰，趙衰問：「今其人安在？」文公說：「吾不與之來也」，我並沒有帶他來。趙衰當即責備，「古之君子，聽其言而用其人；今之君子，聽其言而棄其身」，您這樣做真是「哀哉！晉國之憂也。」文公聽罷急忙補過，速命請來老人予以厚賞。於是以其為榜樣，晉國上下「樂納善言」的良好氛圍就更加濃厚了。

還有一次，文公出外狩獵時，「前驅」突然來報，「前有大蛇，高如堤，阻道竟之」，一條堤壩粗的巨蛇將道路堵死了。文公聽罷嘆道，「天子見妖則修德，諸侯修政」，遇到妖孽就該反思自己的德、政缺失了，「今寡人有過，天以戒寡人」，這是天神警告我的過失啊！急令「還車」而返。回來後「宿齋三日」，隨即拜告祖廟曰：「孤少犧不肥，幣不厚，罪一也；孤好弋獵，無度數，罪二也；孤多賦斂，重刑罰，罪三也。請自今以來者，關市無徵，澤梁無賦斂，赦罪人，舊田半稅，新田不稅。」意思是：我祭祀之物不夠肥美，所獻幣帛不夠豐厚，是第一罪；我迷於狩獵，未有節制，是第二罪；我徵稅過多，刑罰太重，是第三罪。從今以後，關卡、市場以及圍堰捕魚人等，均不再徵收，並豁免獲罪者，耕種多年的田地賦稅減半，新開的田地無須繳納。這樣的謝罪感動了「天帝」，不日就托過夢來，稱此蛇擋「聖君道」，其「罪當死」，派人去看時，果已「臭腐矣」。

文公「好儉」、不喜豪華，鑑於某些富貴人家生活奢靡，更帶頭「以儉矯之」，經常「食不兼肉」、「衣不重帛」，尤其「好苴服」，總是穿著「大布之衣」，即粗麻服裝，披著「牂羊之裘」，即低廉皮袍，而且「韋以帶劍」，即腰裡盤圈牛皮條，就掛上劍了，從不用金玉製作的漂亮劍勾。有一次，狄國前來進貢「豐狐、玄豹之皮」，文公沒有喜悅，卻長嘆道，「此以皮之美自為罪」，意即表面過於漂亮，就是自取其禍啊！故「罪莫大於可欲」。又一次，文公得到一名絕色美女南之威，以致「三日不聽朝」，後頓覺茲事體大、不可沉溺，立即將其遠遠趕走，並頗為感觸地說：「後世必有以色亡其國者」啊！

有文公率先垂範，舉國自然仿效，以致晉國公卿大夫，無論上朝還是其他時間，幾乎都以簡約樸素的打扮為榮，且大大影響了士子庶民，簡約樸素乃蔚然成風，民眾「畜聚」的財富也就越來越多。

因為焚燒宮室、企圖害死文公的惠公親信郤芮被誅殺後，族人被廢為平民，郤芮之子郤缺只得耕田度日，但夫妻兩人依舊相敬如賓。某日郤缺鋤草時，妻子前來送飯，「持飱奉夫甚謹，缺亦斂容受之」，即捧著飯菜恭敬奉上，郤缺也恭敬接過，禮節一絲不苟。此刻恰好胥臣路過看到，十分感動。回去後馬上稟報文公，稱「敬，德之聚也」，「能敬必有德」，有德始可

「治民」，極力主張起用郤缺，又講了一番父罪不能殃及後代的道理。文公從諫如流，遂授其下軍大夫。此後郤缺屢立功勛，一直升至三軍主帥，其父被籍沒的封地，也獲返還，在今山西河津一帶。郤缺先祖原為姬姓公族，晉獻公時受封郤邑，故以「郤」為氏，郤氏也成為晉國的一門權貴卿族。

基於上述種種，文公的威望迅速上升，歸心者眾，敵視者寡，從貴族集團到各個階層，博得廣泛的支持與擁護。為建樹輝煌的霸業，文公已經圓滿完成了前瞻性準備，出擊的時機成熟了。

四　隆重「大搜」誓師整軍後的強勢出擊

西元前六三四年，因為宋國「叛楚即晉」，背棄楚國交好晉國，遭到楚國的警告性討伐。次年冬，楚國又聯合陳、蔡等國再度「圍宋」，宋國「告急」，連忙遣使趕往晉國請求援助。

其時，齊國已是強弩之末，偏西的秦國也有點鞭長莫及。為了爭奪對中原地區諸侯小國的控制，雄踞長江中游南北兩岸的楚國，就成為晉國最直接的對手。所以，曾追隨文公出奔的先軫首先表示，要報答流亡時宋國的禮遇之恩，進而「取威定霸」，「於是乎在矣」，就在此舉了。狐偃當即表示同意，並提出先「伐曹、衛」，迫楚「救之」，以解除宋國之危的具體建議。於是文公下詔，先按照「周禮」古制舉行「大搜」之禮，其實就是一次隆重的武裝力量大檢閱、大整編；一次激勵朝野人士與庶民大眾的大演練、大誓師。與此同時，文公將原本的上、下兩軍，充實擴建為中、上、下三軍，並繼續宣示變革條例，進一步「示之禮」、「正其官」，使文武政令高度統一，指揮運轉更加快捷有力，上上下下精神昂揚，晉軍很快成為一支能征善戰的強悍武裝力量。

此時，晉軍的三軍將領是：三軍主帥兼中軍主將郤穀，有說法稱是惠公親信郤芮的異母弟，但其一直支持文公，且「守學彌惇」，「德義」俱佳，又精「禮樂」、悉「詩書」，故趙衰極力舉薦，文公「從之」。中軍副將為郤穀之弟郤溱；上軍主將原定狐偃，副將為其兄狐毛，但狐偃堅決「讓之」，於是兩人換位；下軍主將欒枝，是當年輔助晉靖侯的欒賓之孫，下軍副將先軫，是獻公老將先丹木之子。先丹木本為晉國姬姓宗室的一個分支，後以「先」為氏，先氏也成為晉國的一門權貴卿族。獻公老臣荀息之孫荀林父為文公「御戎」，即駕駛戰車，老將魏萬之子魏犨身為「車右」，為文公擔當同車護衛，趙衰居文公左右協理事務。

「大搜」禮畢，文公率師出擊，舉兵救援宋國，春秋時期著名的晉、楚「城濮之戰」，開始步入倒數計時。

西元前六三二年春，按照既定計畫，晉軍下軍先攻衛國。副將先軫設計奇謀，令「軍士多帶旗幟」，「凡所過山林、高皐」，處處「懸插」、大事張揚；一面飛軍閃擊，直取重鎮五鹿，在今河南清豐。衛人被這突如其來的陣勢嚇呆了，還未弄清兵力多少，晉軍已經殺到，只得跪地求降，先軫的用兵才華初露鋒芒。恰在此時，主帥郤縠急病身亡，文公斷然決定，將六位將領中排列最後的先軫，越級擢升為三軍主帥、中軍主將，下軍副將改由胥臣繼任。

然後，晉軍直逼曹國，在今山東定陶、曹縣一帶，卻遭到激烈的抵抗。曹人一度開城引誘，晉軍中計、衝入城內，傷亡慘重。曹人又將晉軍的屍體堆積於城頭，企圖摧折士氣，文公「患之」，深感焦灼。這時有人獻策，曹人既然無禮，我們就以牙還牙，先揚言「舍於墓」，到其墓地宿營，再故意聲張，佯作轉移。因此，曹人一片「凶懼」，唯恐晉軍掘墳破墓，急忙把晉軍屍體裝棺、送了出來，晉軍乘機殺回，攻入城內。文公則狠狠訓斥了那位曾經偷看自己沐浴的淺薄國君曹共公，而為報當年大夫僖負羈贈送飯食、暗藏玉璧之恩，下令對其不准騷擾、傷害，族人一律赦免，否則格殺勿論。

但是，由於仗打得非常不順，追隨文公出奔的功臣顛頡、魏犨鬱悶之極，魏犨還胸部負傷。所以，兩人對文公這個命令感到十分生氣，曰「勞之不圖，報於何有？」，即為君賣命的人還沒得到關照，還報什麼破恩？一把火便把僖負羈的家宅燒了。文公得知大怒，斷然處死顛頡，並遊營示眾，「以徇於師」，魏犨免死，革職戴罪。文公陣前斬將，鐵面無私，從而使軍紀更嚴、軍威大震，為獲勝進一步增強了鬥志，凝聚了軍心。

這時，曹國雖被攻下，宋國仍在告急。於是，文公聽從先軫的計謀，以宋、曹、衛三個小國為籌碼，晉、楚兩國展開了一系列的外交較量。其間，楚成王看到晉軍來勢迅猛，還有齊國、秦國的助戰，又深知文公「險阻艱難備嘗之」，始「得晉國」，並非等閒之輩，故主張「允當則歸」、適可而止，準備退兵。楚國主帥子玉卻派人稟報，堅決請戰。成王不太高興，但又不好拒絕，就「少與之師」，未多撥兵馬給他，這已經為其失敗埋下了禍根。

五　謀略高超的獲勝典範「城濮之戰」

楚國主帥子玉雖有才幹，但為人自負，性格急躁，處事求全責備，剛愎固執，多苛嚴而少寬轉。據載，楚國「圍宋」之初，前軍政首席令尹子文檢閱軍隊，「終朝而畢」，一早上就結束，未處置一人。子玉接手後，卻「終日而畢」，整整用了一天，並且「鞭七人，貫三人耳」，憑藉殘酷肉刑，操練得「鐘鼓添聲，旌旗改色」。眾人「皆賀」子文有了強人接替，唯有個少年貴族子弟「不賀」，認為子玉「剛而無禮，不可以治民」，如帶兵「過三百乘」戰車，「其不能以入矣」，必定失敗回不來。若是真能回來，再賀不遲，「何後之有」，還怕晚嗎？只可惜，眾人都把這個智慧孩童的預言當成耳邊風。

然而，晉軍卻狠狠抓住子玉這個弱點來出謀劃策。主帥先軫特請文公先將楚國的來使扣留，故意激怒子玉，又請文公暗中答應被打垮的曹、衛兩國，同意助其復國，使之與楚國斷交。子玉得知這些後，果然大怒，就將圍困宋國的楚軍，全數調出、撲向晉軍，晉軍卻奉令節節退避。有人反對，狐偃以文公當年承諾楚成王為由，告誡道：「退三舍避之，所以報也」，不能「背惠食言」，否則「我曲楚直」，我們就理虧、也失信於天下了。此時，楚軍中有人看出玄機，建議止兵觀察，子玉執意不聽。就這樣，晉軍退、楚軍追，晉軍似在怯戰，楚軍卻越發驕縱。「三舍」（即九十里）退夠，晉軍選定城濮列陣，楚軍也據險紮營。具體地點，可能在今山東鄄城一帶。

大戰在即，文公不免有點心神忐忑，坐臥難安。某日，文公夢見自己與楚成王格鬥，成王將其仰面擊倒，俯身吮吸他的腦漿，醒來後嚇壞了。狐偃趕緊勸解：「吉！我得天，楚伏其罪」，這是好兆頭！我們仰著，是得天保佑，他們趴著，是低頭伏罪啊！機智的娘舅，就這樣消除了文公的擔憂。當時軍中還流傳一些似有牢騷、也很喪氣的歌謠，文公聞知後頗感焦慮，狐偃又連忙為之打氣，「戰也！戰而捷，必得諸侯。若其不捷，表裡山河，必無害也」，就是說：打吧！打贏了，必然贏得諸侯的尊敬；就算打輸，我們老家表面有黃河護著，裡面有叢山保著，什麼危險都沒有。而「表裡山河」四字，也從此成為形容山西地勢牢靠、風光壯美之最為言簡意賅的精闢表述。

文公疑懼不再，充滿信心，遂與助戰的齊國、秦國等首領登臺「觀師」。晉軍七百乘戰車，裝備齊整、訓練有素、號令威嚴。文公大喜，高興地說：「少長有禮，其可用也」，即上下都知禮法，這樣的武裝能打仗了。

不久，子玉派人前來挑戰：「請與君之士戲，君馮軾而觀之，得臣與寓目焉」，就是說願與您的軍士做遊戲，請您登車扶住橫木觀看，我也與君共同欣賞。文公乃令欒枝回答：「寡君聞命矣，楚君之惠未之敢忘，是以在此，為大夫退，其敢當君乎？既不獲命矣，敢煩大夫謂二三子，戒爾車乘，敬爾君事，詰朝將見。」意思是我們國君知道您的命令了，楚君的恩惠從不敢忘，所以退到此地，原以為您已退兵，否則豈敢阻擋？但既然未退，那就請您指示部下，備好戰車，為君效命，讓我們明日早晨再見吧！語氣委婉謙恭，用詞溫和高雅，彼此雖然彬彬有禮，但一場不可避免的兵戎較量，卻已是如箭在弦，勢在必發。

西元前六三二年四月初，雙方正式決戰。戰前，子玉傲慢地宣稱，今日「必無晉矣」，沒有晉國了。而晉軍主帥先軫，早已做好穩操勝券的部署。開戰之初，晉軍下軍就首先猛攻楚軍最弱的「右師」陳、蔡兩國聯軍。不一會，下軍副將胥臣忽然率領一隊戰馬、蒙著虎皮的戰車衝來，對方的戰馬以為是虎，嚇得狂奔亂跑，戰車頓時亂七八糟、無法抵抗，「右師」很快潰敗。隨後，下軍主將欒枝又令戰車拖上樹枝，調頭後退，故意揚起煙塵、佯裝逃跑。而上軍迎戰楚軍「左師」後不久，主將狐毛也故作失利，「裝作奔潰之形」，高舉兩面大旗，急速後退，「誘其驅逐」。子玉遠遠望見此狀，不加斟酌，不顧勸阻，急命追殲。誰料，就在楚軍前進途中，晉軍最精銳的中軍突然發動「橫擊」，殺了出來，將其「左師」攔腰截斷，後退的上軍則迅速回兵「夾攻」，楚軍陷入重圍，瞬間「敗績」。子玉方知上當，率領餘部逃走。

居高觀戰的文公見狀，下令「不必多事擒殺」、窮追猛打。楚軍留下的大批軍需，晉軍整整吃了三天，焚燒其他遺物，「火數日不息」。事後，子玉愧罪，被迫自盡，文公「聞之」後，或許想起當年在楚國幾乎被此人殺死的情景，故日「莫余毒也已」，這傢伙一死，再無人可加害我了。又不免欣慰地說「我擊其外，楚誅其內」，真是「內外相應」啊！「乃喜」，就越發高興了。

六　「一戰而霸」登上了時代舞臺的巔峰

「城濮之戰」使文公因此「一戰而霸」。隨後，文公即步齊桓公之後塵，同樣打出「尊王攘夷」旗號，在「踐土」，即今河南滎陽一帶建造王宮，邀請周天子襄王前來接受朝賀，襄王自然未敢推拒，其他諸侯也得紛紛趕去。五月，文公「獻楚俘於王」，有戰車「百乘」、「徒兵」千餘。襄王餉以醴酒，再賜以尊貴的王室御用禮酒「秬鬯一卣」，文公就成為繼晉獻侯、晉文侯之後，第三位獲此殊榮的晉國君主。同時，襄王「策命」文公為諸侯首領「侯伯」，賞以車駕、服飾等全套儀仗，授其象徵征伐之權的紅色「彤弓」一張、「彤矢」百支與黑色的「玈弓矢千」，還有驍勇衛隊「虎賁三百人」；告諭文公要「敬服王命，以綏四國，糾逖王慝」，就是服膺天子之命、安定各路諸侯、督察綱紀、懲治奸惡。文公誠惶誠恐「三辭」而後「從命」，繼而又「三覲」襄王，表現極大的虔敬與恭順。月末，由文公「執牛耳」，眾諸侯「盟」於「王庭」，共誓擁護天子，彼此不得「相害」，「有渝此盟，明神殛之」，史稱「踐土之盟」。同年冬，文公又邀集多家諸侯「會盟」於「溫」，商量「討不服」，即如何對付不聽話的國家。

「城濮之戰」中，晉軍示弱藏鋒，以逸待勞，驕其氣、疲其力，靈動機巧，戰術新穎，運籌高明，成為軍事史上可圈可點的優秀戰例。其主要籌劃者，顯然就是主帥先軫，可是班師回國後、論功行賞時，文公卻將狐偃定為首功。有人不解，文公就解釋道，「城濮之事」我確用「先軫之謀」獲勝，此是「一時之利」；狐偃則教我「毋失信」，這是「萬世之功」啊！「一時」能高於「萬世」嗎？所以狐偃「先之」。

文公的解釋，彷彿有點偏私娘舅之嫌。然而，臺北「故宮博物院」一九九四年入藏的一套青銅編鐘，卻似乎為文公此舉提供了有力的佐證。這套編鐘，據傳來自中國山西聞喜縣某被盜古墓，共八件鑄有銘文，共一百三十二字，可以連讀，開頭一句是「惟王五月初吉丁未，子犯佑晉公左右來復其邦。」子犯是狐偃的別名，再結合銘文中「子犯及晉公率西之六師搏伐楚荊」、「楚荊喪厥師」、「子犯佑晉公左右，燮諸侯俾朝王，克奠王位」等表述，反映的正是子犯輔助在文公左右，擊敗了「楚荊」，並調集「諸侯」，使之「朝王」，穩固了周襄王的王位。銘文還稱，襄王為此賞賜子犯「輅車四牡」，即如同天子規格的豪車一輛、加雄馬四匹，以及衣物、配飾、錢幣等。不少諸侯也向子犯奉送好銅，子犯遂用其鑄造了「龢鐘九堵」，祈望「子子孫孫永寶用樂」。這些內容，之前從未見於史書，但肯定是最接近當時實情的新發現。倘若功績不大，狐偃能獲得如此巨賞與厚贈嗎？用人有術的文公，會這樣決定嗎？這套被定名為「子犯龢鐘」的編鐘，無疑也成了閃耀著遠古晉國璀璨光華的文物奇珍。

第二年，文公派出狐偃主持，再召諸侯「盟於翟泉」，在今河南孟津，謀劃出兵討伐鄭國。與此同時，文公又「作三行以禦狄」，即以對抗戎狄的「攘夷」理由，組建中行、右行、左行三路步兵，將三軍擴為六軍。後來，文公又高調舉行「大搜」之禮，「作五軍禦狄」，就是為避免與只有天子可擁六軍的禮制衝突，而將「三行」精編為新上軍、新下軍兩軍。此時的文公，已經完全確立了諸侯盟主的牢固地位，出色地展示了德服宇內、威震八方的雄風，以一位頗富文韜武略的霸主形象，登上時代舞臺的巔峰。

孔子曾言，「晉文公譎而不正，齊桓公正而不譎。」按照東漢許慎《說文解字》的解釋，「譎，權詐也」。可是，如果撇開由於孔子固守自身主張所導致的論斷偏見，那麼，在文公每每不按常規出牌的所謂「譎」中，不也恰恰說明其技高一籌嗎？不也恰恰隱含著一位偉大君王縱橫捭闔的大聰慧、大經綸嗎？

第六篇

國威猶在・君臣火拼

孟子曾言：「春秋無義戰」，諸侯列國之間「爭地以戰，殺人盈野；爭城以戰，殺人盈城」，殺來殺去的根本目的，都是奪取利益、耗損對方。所以，今日尚在握手言歡，明天就有可能血腥廝鬥。被後人譽之為「秦晉之好」的秦國、晉國，其實同樣難以例外。

一　晉襄公戴孝出征與「崤之戰」的一舉全殲

西元前六二八年冬，晉文公故世，其子晉襄公繼位。據《左傳》記載：文公「將殯於曲沃」，送葬隊伍走出都城「絳」時，靈柩中忽「有聲如牛」，占卜師卜偃立即要求眾大夫跪拜，曰「君命大事，將有西師過軼我」，聲稱這是文公託付大事，有西邊的軍隊過我邊境，「擊之必大捷焉」。

那麼，這件大事的原委從何說起呢？西元前六三〇年，文公曾以「無禮於晉」與傾向楚國為由，聯合秦國圍攻鄭國。危急之時，鄭國請出一位能言善辯的老臣燭之武，趁夜「縋而出」，吊下城牆祕密拜見秦穆公，展開伶牙俐齒的遊說，先是大講「亡鄭」只會「倍鄰」，即壯大晉國，而「鄰之厚」無異於「君之薄」，如此「闕秦以利晉」，於您何益？繼而又竭力渲染，一向得寸進尺的晉國「何厭之有」呢？經燭之武一番遊說，穆公改變主意，轉而留下大夫杞子等人，協助鄭國戍守，率軍不告「乃還」。對此晉軍非常氣憤，主張追擊。文公卻表示，非穆公之力，我今天「不及此」，曾經「因人之力」，如今反而傷害，此為「不仁」，又講了一些其他理由，決定「吾其還也」，下令撤兵。

可是，雙方無疑已經結下難解的怨尤。以致文公死後，秦國都裝聾作啞，不來弔唁，有意表示輕蔑。恰在此時，大夫杞子偷偷報信於秦國，「鄭人使我掌其北門之管」，即北門鎖鑰，「若潛師以來」，進行偷襲，「國可得也」。穆公詢問高齡老臣蹇叔，蹇叔卻堅決反對，認為「勞師以襲遠，非所聞也」，大軍奔襲「千里」，「其誰不知？」對方能沒有察覺嗎？「勤而無所」，枉費兵力，能不產生「悖心」嗎？但穆公急於求成，未予採納，下令孟明視、西乞術、白乙丙三人率師出發。蹇叔攔住兵馬痛哭道，孟明視啊！「吾見師之出而不見其入也」，意即你們有去無回了。蹇叔此舉意在苦諫穆公，語言卻不免過度喪氣，對於用兵頗不吉利。於是穆公生氣了，傳話訓斥道：「爾何知？」，你懂什麼？要不是歲數大、活到現在，「爾墓之木拱矣」，你墳頭的樹都長得連起來了，還不閉嘴！蹇叔不理，又哭送其軍中的兒子說，「晉人禦師必於崤」，一定會在崤山布兵，你「必死是間，余收爾骨焉」，我只有到那裡收你的屍骨了。就這樣，在蹇叔的哭聲中，「秦師遂東」，進軍而去。

西元前六二七年春，秦軍長途跋涉，快到鄭國時，先來到小小的滑國，卻被鄭國的販牛商人弦高看到了。弦高連忙派人回國報急，同時牽了十二頭牛，帶了一些牛皮，假充鄭國使臣，直接拜見秦軍，聲言「寡君聞吾子將步師出於敝邑」，我國君主聽說貴軍準備過路敝國，特命我來犒勞。此時，獲悉弦高情報的鄭國，立即驅逐杞子諸人，厲兵秣馬準備抵抗。秦軍偷襲不成，只好欺凌無辜，順手牽羊，滅掉小小的滑國「而還」。

不出蹇叔所料，在秦軍回國的路上，一張精心布置的羅網，正在悄然等待著他們。

《左傳》中，將卜偃的預言說得神乎其神，彷彿真的是「君命大事」，是文公的亡靈發號施令。實際情況更應該是，晉國已經獲得可靠情報，但國君守喪期間，要不要出征，肯定有所分歧，因此精明的主帥先軫設謀，請卜偃以神靈的名義講話，從而阻擋異見、統一行動。於是，尚未安葬文公，襄公就「墨縗絰」，即將所穿孝服染作黑色，戴孝領兵登程，並聯合「姜戎」人馬，埋伏於「崤」，即今河南陝縣一帶的崇山峻嶺之中。據稱其地名都是上天梯、墮馬崖、絕命岩、落魂澗、鬼愁窟、斷雲峪之類，皆為非常難行的險道。不久，秦軍果然到達此地，悉數落入圈套。加之很快就要進入秦國，將士士氣非常鬆懈，有的解了轡索、卸了甲冑，牽馬而行、扶車而走。這時，晉軍突然堵截過來，兩邊的山頭又是殺聲四起，衝下來無數人馬。秦軍想快速行進，前面的道路卻早被無數砍倒的樹木封死，越發慌亂不堪，無計可施。不一會，就已經「屍橫山徑」或「束手就擒」，「匹馬只輪」一個「不曾走漏」，秦軍被全殲，孟明視、西乞術、白乙丙也全部被俘。一場完美無缺的伏擊，大獲全勝，凱旋之後，襄公才隆重安葬文公。這就是中國春秋時期另一場著名的戰役——秦晉「崤之戰」。

二　孟明視的知恥奮發與先軫的補過自死

孟明視、西乞術、白乙丙剛剛被押回晉國，還沒有正式處置，晉文公的文嬴夫人，也就是那位原稱為懷嬴的秦國夫人，就來向襄公說情了。聲稱「彼實構吾二君，寡君若得而食之不厭，君何辱討焉？」，就是說這三人弄得兩國君主失和，捅下天大的婁子，我國穆公恨不得吃了他們，還須辱沒我們晉國動手？所以不如「使歸就戮於秦，以逞寡君之志」，意即放他們回去讓秦國誅殺，也讓穆公高興高興。襄公性格溫和，或許也不願意當面拒絕這位庶母，於是就下令釋放。

沒過幾天，先軫前來朝見，問「秦囚」如何處置？襄公遂告「夫人請之，吾舍之矣」。先軫聽罷，頓時大怒道：「武夫力而拘諸原，婦人暫而免諸國，墮軍實而長寇仇，亡無日矣」，就是說我們在戰場上拚力抓到，卻聽了婦人之言放走，損害自己、助長敵人，離亡國不遠了！接著，先軫看也不看襄公，卻「呸呸呸」連唾幾口，大失君臣之禮，憤然揚長而去。此刻襄公並未惱怒，也痛感懊悔，連忙派大夫陽處父帶兵追捍，追到黃河岸邊時，三人已經登舟。陽處父急忙解下車左的「驂馬」呼喚，我奉君命送馬來了，請下船拉走啊！孟明視看出破綻，知道有詐，就在船頭故意「稽首」，拜謝不殺之恩，並聲稱我等回去，如被「寡君」處死便罷，如幸蒙「免之」，三年後一定再來「拜君」之賜，言下之意就是要來復仇。

三人即將歸國時，秦國不少大夫皆進言穆公，應該追究罪責，孟明視「必殺」。穆公卻斷然拒絕，且身著素服，親自迎於郊外，予以犒賞，舉酒痛哭道，「孤違蹇叔以辱二三子」，是我不聽蹇叔忠言，讓各位受了委屈，「孤實貪以禍夫子」，是我太貪心害了先生啊！「孤之罪也」，「孤之過也」，列位「大夫何罪」？依舊讓孟明視繼續「為政」。

後來，孟明視為了「報崤」之仇，再次「帥師伐晉」，襄公親自率兵「禦之」，秦軍又遭慘敗，被晉國譏諷為登門「拜賜之師」。為此，孟明視羞愧至極，回國後「自上囚車」，捆綁起自己，主動「請死」，但是穆公仍不予計較，「猶用孟明」如故。孟明視感恩戴德，遂更加竭盡全力，「增修國政，重施於民」，主動和士卒同甘共苦，甚至吃粗糧、啃草根，一起艱難訓練，還捐出大量私財厚恤陣亡軍眷。西元前六二四年，由穆公親自壓陣，孟明視復率大兵「伐晉」，斷然下令「濟河焚舟」，就是剛過黃河便燒掉渡船，決心背水死戰，攻勢異常凶猛。晉國君臣經過一番商討，認定不可與敵，故一再避其鋒銳，無論秦軍如何挑釁，就是據城固守，不去迎戰。無奈之下，穆公只好下令收兵，在黃河南面「崤之戰」舊址蒐集秦軍屍骨，構築巨墳安葬。穆公親自主祭三日，身著素服、放聲大哭，孟明視等諸將伏地不起，三軍痛悼，無不墜淚。

此後，穆公轉而全力兼併西邊小國，不久就「益國十二，開地千里」，秦國「遂霸西戎」，皆因「用孟明也」。穆公的知人善任，孟明視的知恥而奮發，均贏得當時「君子」的高度稱頌。

另一方面，由於襄公釋放孟明視等人，大發雷霆的先軫，卻深感如此「欺君」，罪過不淺。但襄公毫不責怪，先軫自己更覺內疚萬分。「崤之戰」數月後，「狄人」乘機「伐晉」，先軫統率晉軍，在「箕」地將其擊敗，並擒獲頭領。誰料，就在戰事接近尾聲時，一直對冒犯襄公愧疚不已的先軫，突然脫掉護身甲冑，大喊一聲「匹夫逞志於君而無討，敢不自討乎？」，即我這個冒犯國君的匹夫沒受到懲罰，但我能不自罰嗎？然後孤身衝入敵軍，一陣拚鬥，壯烈殞命。「狄人」敬畏之至，乃將首級鄭重送還，據說其面部仍舊「如生」。一位勛績卓著的名將，就這樣用慷慨的死亡，昇華了浴血的忠貞。

三　遺憾的襄公早逝與趙盾的獨攬朝政

如果說，「城濮之戰」是一場至為關鍵的霸業開創之戰，那麼「崤之戰」就是一場不可或缺的霸業鞏固之戰。此後，襄公承襲其父的大政方針，注重禮賢下士，以德服眾，進一步提升國家威儀，優化國家形象，對魯、衛等小國的外交懷柔政策，屢獲成功。軍事上幾次征戰得勝，尤其是在「崤之戰」的當年，就又粉碎了楚國的挑釁，晉國一直維持著蒸蒸日上的態勢，諸侯首領的地位十分穩固。所以，襄公其實是一位非常出色的君主。在清代學者全祖望的《鮚埼亭集外編》中，甚至將其列為春秋「五霸」之一，認為「五霸」者，「齊一而晉四也」，即只有齊桓公、晉文公、晉襄公以及後來的晉景公、晉悼公可以「當之」。

關於春秋「五霸」，史家通常的說法是齊桓公、晉文公、秦穆公、楚莊王、宋襄公這五位霸主，《荀子》中認為是齊桓公、晉文公、楚莊王、吳王闔閭、越王勾踐，此外還有一些其他說法。那麼，全祖望的依據何在？是不是空穴來風呢？

「五霸」一詞，最早見於《左傳》晉文公故世後三十九年，即西元前五八九年。是年，齊國進攻魯國、衛國，晉國出兵救援、擊敗齊軍。齊國派出大夫國佐「獻寶器以求平」，晉國不許，國佐乃以「五伯之霸也，勤而撫之，以役王命」遊說。此處，「伯」即「霸」的假借字，國佐提醒晉國，「五霸」所以為「霸」、成為盟主，皆因能夠勉力撫定天下，服膺周天子之命；又勸曰「今吾子求合諸侯，以逞無疆之欲」，即晉國既然想當諸侯盟主，就不能逞強霸道，欲壑無邊；繼而再引經據典，告誡之「布政優優，百祿是遒」，即處理政事寬宏大量一點，各種福祿就會不期而至。終於說服晉國，雙方罷兵言和。

這就意味著，「五霸」之稱當時已有，數十年後才出世的吳王闔閭、越王勾踐，應不能列入。而《左傳》中明確以「霸」稱呼者，共計四人。西元前六七九年稱齊桓公「始霸」；西元前六三三年稱晉文公「一戰而霸」；西元前六二四年稱秦穆公「遂霸西戎」；還有一處是西元前五三九年晉國平公的愛姬少姜死去，鄭國執政游吉親赴弔唁，有人批評太過分了，游吉卻聲稱不得已，接著就說「昔文、襄之霸也，其務不煩諸侯」，而「今嬖寵之喪」，「唯懼獲戾，豈敢憚煩？」，一個寵妾死了，都讓人唯恐得罪，哪敢怕麻煩不去？游吉借古諷今、抨擊平公，但這脫口而出的最原始論據，至少可以證明，全祖望並非個人妄斷，在當時公認的「霸」者中，晉國就有文公、襄公，「文、襄之霸」乃是晉國歷史長河中彼此銜接的彩練，承前啟後、持續奔湧的波峰。

遺憾的是，襄公盛年早逝，否則或許會為晉國的霸業增添更多榮耀與殊榮。

西元前六二二年，繼狐偃故去數年後，老臣趙衰、胥臣、欒枝等均在這一年故世，晉國一代新人開始接班。次年春，襄公舉行「大搜」之禮，撤銷新上軍、新下軍，重新恢復三軍建制，擔任將帥者稱之為「卿」。本來，襄公擬委任狐偃之子狐射姑為三軍主帥、中軍主將，趙衰之子趙盾為中軍副將。大夫陽處父卻反覆進言，稱趙盾有「能」，應該「使能」，起用能人方是「國之利也」，於是襄公將兩人換位，置趙盾於狐射姑之上，也為後來這兩人的彼此對立，埋下了伏筆。

「大搜」之後數月，襄公猝然辭世。因此，這也為趙盾的崛起提供大好的機遇。

趙盾是趙衰追隨晉文公出奔時，在「狄」所生之子，但性格與其父迥然不同。趙衰為人謙謹、行事低調，文公幾度意欲提拔，均一再「推賢」自讓，從未出任軍職，僅以隨從文公的近臣輔佐，但貢獻卻非同小可，名望有口皆碑。趙盾則作風犀利，個性強硬。狐射姑就曾這樣評價，「趙衰，冬日之日也」，溫暖、平和，「趙盾，夏日之日也」，熾烈、灼熱，「冬日之日」人「賴其溫」，「夏日之日」人「畏其烈」。所以，趙盾「始為國政」時，年齡不過三十二、三歲，就展示出雷厲風行的氣勢，當即「制事典，正法罪，辟獄刑，董逋逃，由質要，治舊洿，本秩禮，續常職，出滯淹。」就是明定事務典章，修訂律令條例，清理審核積案，督察追捕逃犯，宣導使用契券，整治舊政弊端，振興禮教秩序，使用賢能者充任廢缺官職，薦拔被埋沒的人才。隨後又迅速派人「行諸晉國」各地，「以為常法」，昭告實施。

趙盾這些舉措，繼承著文公衣缽，卻更富針對性、具體性，也著意修復某些治理疏失與社會罅漏。故在其主政時期，晉國仍然保持國富兵強的良好態勢，盟主地位穩固，聲勢威望有所提升。而這位有魄力、有膽略的少壯能人，實際上成為晉國第一位又執政又掌軍的真正權臣，也成為晉國第一位被稱作「正卿」的中軍主將，這個稱謂從此也成為一個固定的稱謂。

正卿，身為一人之下、萬人之上的國家主宰，如果忠誠，固然宜於統一指揮軍政事務，有效行動；但若反之，則極易失去制衡，導致獨斷專行，獨攬朝政，甚至架空君王、威脅君權，引發新的矛盾衝突和更多的糾葛紛爭。

不幸的是，在襄公的繼位者與趙盾之間，這樣的問題果然發生了，且釀成晉國有史以來第一次你死我活的君臣較量。

四　年幼國君的艱難繼位累積著多年怨懟

襄公臨終之前，將七歲的太子夷皋託孤於趙盾，囑其忠心輔佐。但是，趙盾以及晉國一些大夫嫌夷皋年幼，想另行選人繼位，又因當年獻公所定的國內「無畜群公子」政策，國君之子統統都在國外。因此，趙盾提出立居於秦國的襄公之弟公子雍為君，狐射姑堅決反對，主張立居於陳國的公子樂為君。結果，趙盾派人迎接公子雍，狐射姑就派人迎接公子樂。相持不下時，趙盾乾脆指使人殺掉擬歸國的公子樂，狐射姑則令族人狐鞫居殺掉趙盾的親信大夫陽處父。趙盾發動反擊，處死狐鞫居，狐射姑失利，逃奔到祖籍「狄」。借此，趙盾徹底驅除強大的對手，狐氏也成為晉國第一個被逐出政壇的權貴卿族。不過，趙盾還算客氣，隨後就將狐射姑的妻子、兒女以及相當豐厚的錢財送了過去。

此時，襄公的夫人穆嬴也急了。她採取的辦法是，天天帶著兒子夷皋「啼於朝」，去朝堂哭訴，聲言「先君何罪？其嗣亦何罪」？你們捨棄正統「不立而外求君」，「將焉置此？」，把太子放到哪裡了？然後又跑到趙盾門下磕頭跪拜，「先君奉此子也而屬諸子」，把太子託付諸位，「今君雖終，言猶在耳」，你們就要將他「棄之」，「若何？」，這是為什麼啊？言罷就又是「號哭不已」。

穆嬴沒完沒了的眼淚，博得不少大臣及民眾的「哀憐」，趙盾與眾大夫很傷腦筋，「且畏逼」也「畏誅」，不免擔憂有人會借此發難作亂。西元前六二〇年春，趙盾等人只好擁立夷皋繼位，是為晉靈公。然而，秦國護送公子雍回國的軍隊，當時已經渡過黃河，趙盾進退兩難，只有自食其言，連忙親自率兵攔截秦軍，總算將其擊退。僵持已久的國祚危機雖然解決，這種幾經周折的艱難登基，卻無疑在幼年國君的心頭埋下深深的怨憤，種下了爆發更大衝突的禍根。

就在靈公繼位的當年，趙盾即代表小國君出面「主盟」，與齊、宋等國「會盟」於「扈」，接受祝賀，在今河南原陽。次年，趙盾聽從了所謂「叛而不討，何以示威？服而不柔，何以示懷？非威非懷，何以示德？」的建言，為顯示自己以「務德」而「主諸侯」的英明寬大，決定對被討伐而馴服的衛、鄭兩國予以「懷柔」，歸還所侵占的土地。繼而又累次興兵征戰，也是勝多負少。外交、軍事的建樹均較突出，以致周王室的公卿發生糾紛都要「訟於晉」，請趙盾出面調停。西元前六一三年，周天子頃王駕崩，近臣周公閱與王孫蘇爭權，鬥得不可開交。趙盾再次代表靈公出面，召集諸侯「盟於新城」，接著率領「諸侯之師」、戰車八百乘，平息了這場動亂，「立匡王」，即頃王之子登基。

這樣，趙盾的聲譽與時俱增、如日中天，權勢炙手可熱，就更加扶植私黨，排斥異己，樹敵增多。狐射姑失敗出逃後，趙盾將自己的親信、先軫之孫先克提為中軍副將，引發積怨已久的五位將領不滿，先克又奪取大夫蒯得的田地，與蒯得親近的先氏族人先都便派人刺殺先克，這些將領同時發難「作亂」，隨後遭趙盾的鎮壓，蒯得、先都等五人一律「以不君之罪」判斬刑。儘管有靈公的母親穆嬴出面求情，希望只懲辦首惡，但趙盾拒絕，依然將他們統統誅殺，故晉國「國人畏趙盾之嚴」，無不「股栗」，嚇得發抖。此後，趙盾又將先克之子先縠用為大夫，承繼家族權位。掌握三軍的諸卿，也大多換成自己的心腹。

五位將領的「作亂」，顯然有顛覆趙盾的動機。獨攬朝綱的趙盾，一直代君行政，數度僭越名分，喧賓奪主，更難免肆無忌憚。因此，在這場「作亂」的深層，就不能排除有靈公勢力推波助瀾的因素，而刺殺先克也確實有靈公派人所為的說法。可以進一步推想的是，隨著靈公漸漸長大，深埋心頭、累積多年的怨憤，自然會不斷加劇，靈公對趙盾肯定銜恨已久，或許還有對尾大不掉的未來恐懼，雙方的矛盾勢必越來越激烈。到靈公登基十四年後，二十歲的國君與權臣的衝突，已經激化到水火難容的地步。於是一場不共戴天的生死決鬥爆發，其最終結果就是《春秋》所言：「晉趙盾弒其君夷皋」。

五　從幾番出手均皆落敗到最終命喪權臣

按照《左傳》等書記載，趙盾弒君的起因與過程是：「晉靈公不君」，即不像個君王的樣子，「厚斂以雕牆」，濫徵賦稅、彩繪宮牆，「從臺上」用彈弓「彈人」，以「觀其辟丸」的狼狽情景；廚師燉熊掌不熟，竟然「殺之」，讓宮女放到大畚箕裡，抬著穿過宮殿，恰好被趙盾與獻公時期老臣士蔿之孫士會看到了懸在外面的手，遂「問其故」，得知真相後非常憂慮，準備進諫。但士會又說「諫而不入，則莫之繼也」，如果諫後不聽，便無人可續了，所以「會請先，不入則子繼之」，即請讓我先諫，若靈公不聽，您再去；士會上殿時，邁進一步就跪拜一次，可靈公就是不理，直至「三進」，磕頭磕到屋簷下了，靈公才微微抬眼「視之」，說了一句：「吾知所過矣，將改之」，士會連忙再度跪拜，恭維靈公「能補過也」，又引經據典講述了一番「人誰無過？過而能改，善莫大焉」，「則社稷之固也」的道理。

可是，靈公雖然表態，卻「猶不改」，趙盾就不斷「驟諫」；靈公「患之」，即有點恐懼了，便派出力士鉏麑行刺趙盾。凌晨，鉏麑潛入趙盾住處，「寢門辟矣」，寢門恰好開著，趙盾已穿得整整齊齊，「盛服將朝」，因天氣「尚早」，遂「坐而假寐」，凝思養神，靜待出發。鉏麑趕緊退出，「嘆而言曰」，能這樣時刻「不忘恭敬」，真是「民之主也」，百姓的頂梁柱啊！殺「民之主，不忠」，違背「君之命，不信」，與其兩難，還「不如死也」，就一頭撞去、「觸槐而死」。

西元前六〇七年「秋九月」，靈公賜宴趙盾，同時埋伏甲士「將攻之」，準備將其殺害。席間，趙盾的護衛提彌明發現危機，疾步「趨登」殿堂喊道，「臣侍君宴」，過三巡還不離開，則「非禮也」，說罷，扶起趙盾就走。靈公立刻放出一隻名曰「靈獒」的猛犬追咬，提彌明奮力抵抗猛犬，將其擊殺，又拚命與圍攏上來的兵士搏鬥，掩護趙盾退走，自己卻「力盡而死」。就在千鈞一髮之際，兵士中忽然有人反戈相擊，「倒戟以禦公徒」，轉過身來對付其他兵士，使趙盾幸得免難。

那麼，此人為何要如此呢？原來，趙盾曾經獵於「首山」，住宿「翳桑」。見到一位壯士靈輒十分飢餓，已「不食三日」，趙盾立即贈以餐飯。但靈輒只吃一半而留了一半，原來其人在外三年，今離家「近焉」，可「未知母之存否」，想帶回一些孝敬媽媽。趙盾當即請他吃完，又另取「簞食與肉」，裝袋相送。後來，靈輒充任靈公的兵士，認出恩人，所以挺身相救。趙盾驚問其故，答曰:「翳桑之餓人也」，再問其居處，卻「不告而退」，獨自流亡去了。翳桑，據說在今山西新絳，其城北尚有地名「哺饑阪」。

有些藝術作品中，靈輒的義舉被描寫得就更加誇張了。說靈輒「背負趙盾」，「趨出朝門」，誰知所乘馬車已被「雙輪摘了一輪」，根本不能前行，靈輒力大無比，就一手強提馬車，一手打馬，「捧轂推輪」，急走逃遁而去。有詩讚之曰，「紫衣逃難出宮門，駟馬雙輪摘一輪；卻是靈輒強扶歸，報取桑間一飯恩」。不久，趙家的援救人馬趕到，趙盾終於脫身，離開都城，還聲言準備出奔國外。

可是，此事發生後半個月左右，趙盾的親信堂侄趙穿，就趁著靈公休憩於「桃園」別墅時，突然將其「襲殺」，隨即「而迎趙盾」。趙盾尚未走出晉國，就重返都城，再掌大權。所以，幾番出手均落敗的靈公，實際上還是喪命在權臣的手中。而後，趙穿又奉趙盾之命，趕往周王都雒邑，迎立晉文公「少子」黑臀回國繼位，是為晉成公。據稱，黑臀「始生之時」，母親夢見「神人以黑手塗其臀」，所以就幫孩子取了這樣一個奇怪的名字。十月初三，黑臀剛剛到達都城，趙盾就匆匆請其「朝於太廟」、立即登基，顯然有將靈公之死的影響盡快消除的明確意圖。

六　晉靈公「不君」的反向思考與董狐的史筆

殺害靈公的趙穿，其人還是晉襄公的女婿、靈公的同母或異母姐姐的丈夫。因為「有寵」，所以非常傲氣，「不在軍事」，就是說不懂打仗，卻「好勇而狂」，曾「自請」出任上軍副將，被趙盾以「年少」、「未曾歷練」婉拒，後即以「私屬」，即私家武裝「附於上軍」，以求「立功報效」。但其實際的出戰紀錄，一次是魯莽冒進，一次是勞師而無功，皆為敗筆，還被遣送到鄭國當了幾年人質。儘管如此，趙穿畢竟屬於趙盾黨羽，故一直受到豢養與提攜，後來還擢其為中軍副將，成為趙盾的直接助手，且擔任宮廷衛隊的頭領。因此，到了要害關頭，趙穿就毫不手軟地誅殺國君，殺害自己的小舅爺。這也充分說明，趙盾培植的勢力是如此的無孔不入，又是何等嚴重地威逼君權。

有鑑於此，千百年來，靈公「不君」的惡評，是不是也需要換一個角度觀照，或者說反向思考一下呢？殘酷無情的宮廷鬥爭，又怎麼能涇渭分明地劃定善惡、簡簡單單地判定是非呢？

傳統史家秉持的觀點，大體都是靈公稟性頑劣，生活奢靡，殘忍無道，荒淫暴虐，在中國的昏聵君王中，名列前茅。然而，就史書上記載的罪行來看，所謂的「厚斂以雕牆」，對國君來說，這能算多大的壞事？遠遠過之的帝王將相，難道還少？何況，身為堂堂的富國之主，連「雕牆」這點財力都調動不來，還需要「厚斂」自籌，其處境如何，豈非不言自明？用彈弓

「彈人」固然荒唐，但他可能經常如此嗎？會不會是幼齡國君早年玩耍時的一、兩次惡作劇呢？殺死廚師委實過分，但晉獻公為了試驗祭肉有毒與否，讓下人食之而死；文公的齊國夫人姜氏為了滅口，隨意殺害採桑的侍女；那位號稱有賢德的秦穆公，駕崩後殉葬者達一百七十七人，包括著名的「子車氏」三位良臣、良將。與上述行為相比，在草菅人命司空見慣的當時，難道靈公就罪大惡極了嗎？

再設想，一位國君處置自己的正卿，居然需要暗殺、需要借助猛犬，其權力被擠壓、實力被削弱到什麼程度，不也昭然若揭了嗎？可見，根據這些來給靈公扣上無比混帳的帽子，實在有點證據不足。如果運用現代心理學分析，靈公很可能就是一位不斷籠罩在陰影之下，以致精神壓抑的國君；一個持續掙扎在鬱悶失落中、靈魂被扭曲的傀儡。那麼，其某些怪異舉止，安知不是一種百般無奈中，憂鬱憤懣的釋放？一種極端怨憤下的變相宣洩呢？可悲的是，年方「及冠」的他，又怎能鬥得過隻手遮天、爪牙眾多，且早已坐大的趙盾？結果，他非但未能奪回權力，還被趙穿輕易地奪去年輕的生命，留下千古的罵名。

靈公被殺後，晉國「太史」，即記錄國史的史官董狐，將「趙盾弒其君」明確記錄於史書中，並公開懸掛「以視於朝」。趙盾辯解「弒者趙穿」，「我無罪」。董狐回答，「子為正卿」，揚言出奔卻「不出境」，歸來後又不「討賊」、「不誅國亂」，「非子而誰？」，不是你會是誰？但趙盾深知，壓制史官必然更毀聲譽，故不敢把事做絕，唯有聽之任之，只是彷彿很冤枉地，發表了一番感慨。後來，孔子對二人均大加讚嘆，認為董狐乃「古之良史也，書法不隱」，能夠如實寫史；趙盾是「古之良大夫也，為法受惡」，為禮法背上惡名。又曰，「惜也，越境乃免」，就是說趙盾如果離開晉國，君臣義絕，便可以避免弒君的罪責了。

然而，趙盾真的背上弒君這個惡名嗎？出了晉國就能洗刷乾淨嗎？那麼，靈公被殺僅僅十多天，就匆匆擁立新國君，又該如何解釋？較之靈公登基時一年多的拖磨，如今竟然神速至此，是不是有掩蓋某些真相的企圖呢？何況，不「討賊」也罷，為什麼偏偏要派最該討的「賊」趙穿去迎接成公繼位呢？這不正說明趙穿是趙盾最信任的人物嗎？既然如此，趙穿殺害靈公，難道就不是執行使命或心領神會嗎？趙盾象徵性地出奔之前，能保證沒有提前策劃或暗示嗎？事實上，在記載宋代理學家朱熹言論的《朱子語類》中，就有認為趙盾「想是他本意如此」的說法。這種少年君王與權臣的殊死搏鬥，歷朝歷代屢見不鮮，個中潛藏著多少陰謀詭計、爾虞我詐，又有誰能夠說得清、道得明呢？

不過，董狐的「秉筆直書」，卻樹起一個光輝的楷模、高聳的標杆。嗣後數千年來，無數良知不泯的文化先驅，秉承這種精神，弘揚這一風範，藐視強暴，淡看凶險，「不虛美，不隱惡」，如實記事，坦蕩記言，為中華史學浩瀚的寶庫，增添了多少彌足珍貴的經典；也給今天的我們，留下了多少借鑑、多少昭告、多少感慨。

第七篇

勢運進退・贏輸交迭

春秋時期，周天子除了所謂「天下共主」的虛名外，已無任何權威，而諸侯國之間則是不斷地興兵開戰，幾乎從未停息。且不僅大國之間惡戰不已，拚命爭霸，小國也每每互相攻伐。那麼，各諸侯國為什麼均熱衷於此呢？對於大國，諸侯首腦的尊貴頭銜，固然令其垂涎；更主要的是，一旦贏得強勢地位，不止可以擴展地盤，許多弱國還必須經常前來拜見，奉獻數量不菲的「朝聘之數」，即朝見時的貢禮。故「服國」越眾，所獲越豐，軍事行動也越發有利可圖。即便是小國，獲勝一方也能索取、乃至劫掠許多財富。用一句現代語匯表示，就是叢林法則使然。所以，他們整天鬥來鬥去，樂此不疲，又何足怪哉？

而在大國爭霸中，彼此纏鬥最久、勝負起落最具跌宕色彩的，就是晉、楚兩國，雙方較量的最根本目的，就是奪取中原地區小國的控制權。恰好接壤於兩國中間的鄭國，就成為彼此攻伐的最關鍵地帶。

一　「假公族」的形成與趙盾死後的權力更替

趙盾擁立的晉成公，「其母周女也」，即晉成公是晉文公與周王室女子所生的「少子」，一直寓居於王都雒邑。晉成公歸國繼位後，對權傾朝野的趙盾不敢造次，言聽計從，還很快出面否定並制止「趙盾弒其君」的議論，赦免趙穿的罪責，且將女兒許配與趙盾之子趙朔。

由於晉獻公晚年曾與眾大夫盟誓「無畜群公子」，規定國君子嗣除太子外，均不得留在國內，以避免同室操戈，所以從此「晉無公族」，即晉國內沒有國君親族。可是，西元前六〇七年冬，成公登基僅僅兩月，就在趙盾的主謀和推動下，對「宦卿之適子而為之田，以為公族」，即給有官爵的卿大夫嫡長子封賜土地，提升為公族。這樣就等於和國君成為一族，有學者稱之為「假公族」，其餘子弟也按照等級授予爵位。趙盾還特請成公同意，封其本非嫡長子的異母弟趙括替代自己成為「公族大夫」，統領自己的原有部屬，而自己只掌管「旄車之族」，即國君的侍衛人馬。這個行為貌似謙讓，甚至像是自請降爵，實則等於為趙氏多爭了席位，進一步鞏固家族勢力。從此，這些獲得高貴身分的卿大夫，實力擴展更為迅猛，權勢擴張日益加速，在之後兩百餘年的政治舞臺上，翻雲覆雨，興風作浪，削弱君權，侵凌公室，最終將晉國的大好江山完全吞噬、徹底埋葬。

成公時期，因「城濮之戰」失敗，一度退縮的楚國，漸次復甦。西元前六一三年繼位的楚莊王，最初耽於聲色，「不出號令，日夜為樂」，並下令「有敢諫者死無赦」。大夫伍舉卻毅然入諫，莊王竟「左抱鄭姬，右抱越女」，故意「坐鐘鼓之間」，傲慢接見。伍舉進隱語曰，「有鳥在於阜，三年不飛不鳴」，是什麼鳥呢？莊王答，「三年不飛，飛將沖天；三年不鳴，鳴將驚人」，「吾知之矣」。可過了數月，莊王仍舊「淫益甚」。大夫蘇從再次入諫，莊王說，「若不聞令乎？」，你沒聽到我下的令嗎？蘇從回答，「殺身以明君臣之願也」，殺了我能讓君王清醒，正是我的期盼啊！兩人的死諫，終於感動了莊王，莊王遂決心痛改前非，「乃罷淫樂」而認真「聽政」，「所誅」不法者「數百人」，「所進」賢能者「數百人」，「國人大悅」，莊王的威望迅速提升。後又任命名臣孫叔敖為相，開始興修水利，推動農業發展，改革貨幣政策，促進商業繁榮，逐漸充實國力，壯大武裝，使楚國成為對晉國盟主地位日益強大的威脅。

西元前六〇八年，鄭國迫於楚國的軍事壓力，「叛晉」而「受盟於楚」，當年秋，楚國又入侵陳、宋兩國。為此，趙盾率軍救援，同時討伐鄭國，與楚軍「遇於北林」，雙方小戰而退。西元前六〇六年，晉成公親自統兵「伐鄭」，鄭國不敵求和，與晉國重新結盟。楚國得知後，隨之發兵「侵鄭」。次年因「鄭未服也」，再度「伐鄭」。再次年，即西元前六〇四年，楚軍繼續「伐鄭」。鄭國告急求助，晉國頃刻馳援，楚軍退卻，晉軍順手打擊依附楚國的陳國。西元前六〇三年，趙盾率軍二次「侵陳」，楚軍避戰不出，晉國的聲威大幅提高。可到了年末，楚軍就又來「伐鄭」，鄭國服軟讓步，楚國「取成而還」。但次年，鄭國又迫於情勢，主動約請晉國繼續結盟。此後，趙盾邀集鄭國等多國諸侯來到晉國，並請周天子代表出席，由成公主持「會盟」，於今山西沁水一帶的「黑壤」。

據記載，當時在不到十年的時間內，鄭國就遭到晉國四次、楚國七次的征討，鄭國作為無奈的小國，只好「居大國之間而從於強令」，在兩個強國的夾縫中不斷搖擺，力求免禍。

西元前六〇一年趙盾故世，由當年焚燒宮室、企圖害死晉文公而被殺的郤芮之子郤缺接任中軍主將，以正卿執掌國政。郤缺被文公赦罪任用後，從逆境起步，屢立功勛，終於升至高位。次年，郤缺為了「與楚莊王爭強」，仍由成公主持，召集多國諸侯「會盟」於「扈」，在今河南原陽。後楚軍又來「伐鄭」，郤缺率軍保護鄭國，擊敗「楚師」，大勝而歸，幾乎「不競於楚」的晉國，又開始占據上風。

不久，成公猝然故世，其子晉景公繼位。此後兩年，楚國連續「伐鄭」都被郤缺擊退。誰知又過了兩年，郤缺也故世了，獻公時期老臣荀息之孫、曾為文公「御戎」駕車的荀林父接任正卿。首腦人物的匆促轉換，權力更替的速度過快，大大影響晉國上層的平衡，挫傷了政治元氣，也為楚國動搖晉國的霸業，造就了良好的時機。因此，就在荀林父接任的當年，即西元前五九七年，「城濮之戰」三十五年之後，同樣以鄭國為導火線，晉、楚兩國終於再度爆發大戰，晉軍兵敗失利，蒙受重創，史稱「邲之戰」。邲，在今河南滎陽地區。

二　主帥游移、將領紛爭導致的「邲之戰」慘敗

西元前五九七年春，楚莊王親自統兵「圍鄭」，鄭國向晉國「告急」。景公遂派荀林父擔任主帥「將中軍」，先縠身為副將「佐之」。先縠據《史記》所記，為當年名將先軫之子，但此說法頗受後世質疑，還有說法稱其應是晉靈公時被殺的先克之子，也就是先軫的曾孫。另由獻公老臣士蔿之孫士會「將上軍」，郤缺之子郤克「佐之」；趙盾之子趙朔「將下軍」，文公時期將領欒枝之孫欒書「佐之」；趙盾的異母弟趙括、趙嬰齊為中軍大夫，荀林父之弟荀首與趙盾另一個異母弟趙同為下軍大夫，率領三軍，共戰車六百乘，出發「救鄭」。

可是，鄭國很快就抗不住了，三個月後都城被攻破，楚軍直入「皇門」，鄭襄公「肉袒」，脫去上衣裸露臂膀，又一手「牽羊」，卑躬屈膝出來迎接，聲稱「孤不天，不能事君，使君懷怒以及敝邑」，意即寡人不尊天意，不能敬事貴國，使君王發怒來至敝國，皆為「孤之罪也」。接著表示：就是將我「俘諸江南」，捉回楚國放逐「海濱」，我「唯命」；就是將鄭國「翦以賜諸侯」，滅掉分賞各國，「使臣妾之」，讓我有如女奴，也「唯命」；但假如楚國「惠顧前好」、不忘舊誼，不滅敝國「社稷」，能使我「改事」君王，此「孤之願」也必永謝「君之惠」，這樣的奢望非我「所敢」，我只敢略表「腹心」，懇請君王定奪啊！襄公低聲下氣的哀求，使莊王頗受觸動，認為可以寬恕，便不顧臣下勸告，

下令退兵三十里，允許以鄭襄公之弟子良作為人質，談判結盟。莊王覺得，楚軍已經達到目的，耀武揚威、「飲馬於河」，可以凱旋了。

就在此時，晉國的兵馬趕到黃河北岸。得知楚軍準備撤離後，荀林父主張止步回師，不必強行求戰，卻遭到先縠的強烈反對。先縠性格偏執，好勇鬥狠，聲言「晉所以霸」，皆因「師武臣力」，軍隊勇武、臣下盡力，今卻「有敵」不戰，「不可謂武」，為此失去諸侯，「不可謂力」，與其「失霸」，還「不如死」，「聞敵強而退」，算得上大丈夫嗎？你們可以這樣，「我弗為也」。然後，先縠竟然擅自帶著部分中軍渡過黃河，追逐楚軍。

如此違紀，本該嚴懲，然而荀林父為人寬厚，也有點優柔寡斷，又擔憂先縠孤軍深入受損，準備跟進支援。可是眾將領意見不一，為此紛爭不已，最終荀林父還是決定率領大軍渡過黃河。莊王得知晉軍追來，最初仍舊退兵，「欲還」。但有人進言道，「晉之從政者新」，荀林父是新人，剛剛接任，恐「未能行令」、壓不住陣，「先縠剛愎不仁」，其他將領「專行」，難以指揮，所以「必敗」，且身為堂堂楚國君王，逃避晉國之臣，不是讓「社稷」蒙羞嗎？於是，莊王下令返回，迎戰晉軍。

這時，是戰是和，晉軍中仍有紛爭。而夾在晉、楚之間，受氣多年的鄭國，卻派人前來竭力慫恿晉軍決戰，並宣稱「鄭師為承」，鄭國軍隊也將隨同作戰，其真正目的就是希望雙方快點打起來，一方徹底擊垮一方後，誰勝跟誰。先縠乘機附和「敗楚服鄭」在此一舉，竭力主張作戰。對方的楚軍，則時而派兵侵擾，時而謙卑求和，故意示弱迷惑。荀林父唯恐將領不馴，難以齊心上陣獲勝，也望儘早罷兵，體面班師。在這關鍵時刻，最堅定支持這個想法者，乃是士會與郤克。

然而，「城濮之戰」時，在曹國縱火燒毀大夫僖負羈的家、被文公革職的魏犨之子魏錡，因沒能當上「公族大夫」而非常不滿；還有殺害靈公的趙穿之子趙旃，也因未得到「卿」職懷怨很深，故都有點盼著荀林父失敗獲罪。所以，他們也附和先縠，不斷鼓動荀林父出兵。被拒絕後，兩人又提出要「請使」前去與對方「召盟」和談，荀林父實在無奈，只好「許之」。可到了楚軍陣前時，魏錡卻故意「請戰而還」，趙旃更是極力撩撥對方，甚至帶人直奔左、右各三十輛戰車護衛的莊王大營前，席地而坐尋釁，唆使部下衝闖擾亂。被惹怒的莊王親自乘車指揮追逐，趙旃棄車逃入叢林，莊王護駕將領與之搏鬥，或許還將其揍了一通，「得其甲裳」以歸。

而此刻，擔心兩人惹禍的荀林父已經派出戰車，準備將其接回。但不斷揚起的飛塵，卻使楚軍誤以為是晉軍來攻，更擔心仍在外面的莊王陷入重圍，就立即發起反擊，「車馳卒奔」，猛烈衝殺過來。晉軍猝不及防，節節後退，鄭國軍隊見狀，竟也調過頭來「助楚攻晉」，晉軍很快被逼到黃河岸邊。面對如此情勢，荀林父匆忙擊鼓發令，「先濟者」，即先渡過黃河者「有賞」。於是大軍頃刻陷入混亂，隨即全線崩潰。中、下兩軍將士紛紛爭船，甚至自相殘殺，船已人滿，「後來者攀附不絕」，先登者「亂砍其手」，以致「舟中之指可掬」，船上的手指頭多得一捧就是一把。吵吵嚷嚷折騰了一夜，晉軍的殘兵剩卒才渡過河去。

在晉軍慘敗的「邲之戰」中，只有士會與郤克未雨綢繆，事先在來路布設了多隊埋伏，故得以阻截楚軍追兵，使兩人所率上軍「不敗」而去。中軍大夫趙嬰齊也事先備齊充足船隻，保障部分人馬及時渡河、安全撤退。此外，下軍大夫荀首之子荀罃被楚軍俘虜，荀首當即帶領部屬掉頭救助，荀首連連發箭，射死莊王的親族連尹襄老，射傷公子穀臣，雖然沒能搶回荀罃，卻俘獲穀臣，並奪得連尹襄老的屍首退去。這幾件事，成為一敗塗地的晉軍，僅存於青史的些許亮光。

三　脫胎換骨的君王成就了霸業之夢

春秋「五霸」之一的楚莊王，初繼位時沉溺於聲色，後接受臣下苦諫，決心富國強兵，整軍經武，實力日益壯大，爭霸中原的底氣大增，因此不免傲慢自負，舉止張狂。但後來，卻發生了不啻脫胎換骨的良性轉變。

在「邲之戰」十年之前的西元前六〇六年，莊王曾率軍「勤王」討伐「陸渾之戎」，北征到達洛水之濱，在周王朝都城雒邑的附近，耀武揚威，大舉閱兵。早已尾大不掉的周天子定王，深感憂慮卻也無可奈何，只好派出使臣前去「慰勞」。此時莊王似乎更加得意忘形，居然詢問使臣，周王朝「鼎之大小輕重」。

周王朝之鼎，據載是當年大禹「收九牧之金」，即從天下九州各取青銅所鑄造，一州一鼎，是用以祭享「上帝鬼神」的頂級重器，更是王朝政權的至高象徵，世襲罔替的傳國巨寶。莊王率意「問鼎」，不僅大失禮儀，也隱約含有顯強而取天下的不軌意圖，是近乎狂妄的逾矩行為。而這位使臣卻不卑不亢地回答，服天下者「在德不在鼎」，並以亡國失鼎的夏桀與商紂為例，聲稱「德之修明」，則鼎「雖小重也」；國家「昏亂」，則「雖大輕也」。周王朝「德雖衰」但「天命未改」，故「鼎之輕重，未可問也」。如此反駁，也無異於是對莊王進行一次懂得尊敬，懂得以德服人的率直說教。

此後十年，持久的執政歷練與自我認知的提升，終於使莊王逐步走向成熟，處事漸趨穩健，心胸日益寬闊，城府深厚有加，決斷時刻每每能夠收放適度，棄取得體。莊王還有一個流傳極廣的佳話，就是所謂「絕纓」的故事。

據載，某次莊王大宴群臣，特命嬪妃斟酒助興，直至夜晚。此時突然一陣風起，燈燭俱滅，一人便趁機捉住美貌的許姬衣袖，對其調戲，許姬當即揪下此人「冠纓」，也就是套住脖頸的帽帶，遞交莊王，請「促火察之」，查找無帽帶者治罪。莊王聽罷，卻下令先別燃燈點燭，並稱寡人今與「諸卿盡歡」，請皆「去纓痛飲」，「不絕纓者」不算高興，因此大家都摘去帽帶，及至燈燭亮起，已不知非禮者是誰。後晉、楚交戰時，楚軍某將「奮死赴敵」、勇猛超常，建功頗為可觀。歸來時，莊王詢問緣由，「始知即前之絕纓者」，有說法稱此人名曰唐狡。

故事或許出於虛構，但也可以顯示莊王已與早年迥然不同，慧識、雅量均皆今非昔比。所以，「邲之戰」晉軍潰敗後，楚軍本想乘勝追擊，莊王卻說，「楚自城濮失利，貽羞社稷，此一戰可雪前恥矣；晉、楚終當講和，何必多殺？」下令止兵，看著晉軍驚慌失措、搶著渡河逃命，也一概不准追擊。繼而，又有大夫建議，「請收晉屍」，建造巨大墳塚以記錄勝績，作為緊鄰周王朝都城的「京觀」，以示子孫「無忘武功」。但莊王卻說，「非爾所知也」，先人怎麼造字的？「止戈為武」啊！進而解釋道：「夫武，禁暴、戢兵、保大、定功、安民、和眾、豐財者也」；「今我使二國」死傷慘重，未能「禁暴」；以武力「威諸侯」，未能「戢兵」；「暴而不戢」，總靠不斷打仗，豈可永遠「保大」？且「猶有晉在」，何言「定功」？興兵之舉，「所違民欲」，損害百姓利益甚多，怎能「安民」？還有「和眾」、「豐財」，以上「七德我無一焉」，樣樣做得不好，有什麼值得「示子孫」的呢？更何況「武非吾功」，並非我之追求，何必弄什麼「京觀」炫耀呢？於是，僅立「先君」廟以告「成事」，祭拜黃河之神後，班師「而還」。這樣的真知灼見充分說明，此時的莊王已經完全擺脫早年的淺陋，具備經緯天下的英主氣魄。

「邲之戰」的大捷，使楚國得以進一步虎視中原，笑傲諸侯，晉文公開創的晉國霸業遭致挫敗。而後，楚國又積極聯合齊國，拉攏秦國，繼續遏制晉國、擠壓晉國。西元前五九四年，楚國終於作為盟主，召集齊、秦、魯等十四國舉行隆重的「會盟」，楚莊王也堂而皇之地成就了自己的霸業之夢。

四　重振國勢的努力與奇恥大辱的外交遭遇

荀林父率領殘餘晉軍回國後，甘願承擔全責，主動「請死」，晉景公也同意治罪。但士會諫阻，稱「昔文公之與楚戰城濮」後，楚成王「歸殺子玉」，而「文公乃喜」，無異「我擊其外，楚誅其內，內外相應」，以此為證，力陳處死荀林父等於「助楚殺仇」，又讚揚荀林父「事君」「進思盡忠，退思補過」，無愧社稷，打個敗仗不過如「日月之食」，「何損於明」呢？景公遂令荀林父復職。而當時貿然主戰的先縠，卻不思悔改，依然張狂，甚至前往「赤狄」，暗中與之勾結，進攻晉國。陰謀敗露後，景公大怒，與前罪一併追究，誅殺先縠，並「盡滅其族」，名將先軫的後裔先氏卿族，從此徹底消逝。

荀林父復職後痛定思痛，厲兵秣馬，竭盡身心重振國勢。過了幾年，舉兵討伐「邲之戰」中背信棄義的鄭國，又擊退「秦師」進犯，大敗「赤狄」，滅掉「赤狄」的一支「潞氏」部落，幾次征戰均獲得勝利，擴展晉國版圖，彌補了自己的過失。景公大悅，給其「狄臣千室」，即狄地臣民千家的豐厚賞賜。西元前五九四年，荀林父告老退位，次年士會接任正卿。

士會執掌國政後，繼續努力為之，進一步安撫國內，教民勸善，百姓知禮者大增，盜賊混不下去，竟紛紛「逃奔於秦」。繼而「帥師」出擊，徹底滅掉「赤狄」的「甲氏」、「留吁」、「鐸辰」諸部，使其土地盡屬晉國，還前往王都雒邑，用文武兩手平定周天子王室的內亂。從雒邑歸來後，士會仿效王室，借鑑夏商周「三代之典禮」而修明「晉國之法」，為後來更精細的立法奠定了基礎。又率領軍隊護駕景公，「討貳也」，以即征伐三心二意者的名義，召集部分諸侯前來晉國邊境「會於斷道」，由景公主持「盟於卷楚」，均在今山西沁縣。這樣，晉國從「邲之戰」的失利中漸漸恢復元氣，楚莊王固然不可一世，但晉國具備了與其難分伯仲的「爭盟」態勢。

西元前五九二年，景公委派郤克，偕同魯國、衛國的使臣，前往齊國，邀請其參與「會盟」，意在修復昔日關係，使之不再跟從楚國。據說，郤克駝背，魯國、衛國使臣一個瘸腿、一個獨眼，齊國頃公的母親從樓上看見後，「觀而笑之」。更甚者，頃公居然專門挑選一個駝背者、一個瘸腿者、一個獨眼者為三位使臣服務。如此喪失禮節的行為，恐怕不止是取笑，也表示對尋求友好的晉國的極大藐視。這樣奇恥大辱的外交遭遇，使郤克惱怒萬分，歸途中到達黃河邊，就發下復仇狠誓，「不報齊者，河伯視之」，黃河之神就請您看著！返國後立刻向景公請兵「伐齊」。景公回答：「子之怨，安足以煩國」，你的怨憤怎能勞煩國家呢？所以「弗許」。郤克請求動用家族武裝攻擊，照樣「又弗許」。後來「會盟」時，齊國僅派低級別使臣出席，晉國拒絕接納，甚至將其捉拿，兩國的關係更趨緊張。

正是這年冬，士會「請老」去職，舉薦郤克為中軍主將，出任正卿。次年，楚莊王也恰巧辭世，楚國政局動盪，無暇顧及他國。晉國乘機協同衛國聯合「伐齊」，齊國無奈，乃以太子作為人質，羈留「於晉」，勉強同意結盟，但並未真正服氣。過了一年，齊、楚兩國就重新遣使「結好」，且往來更加密切，晉國自然不悅。

西元前五八九年，齊國進攻魯國，衛國又助魯「侵齊」，後兩國戰敗，「告急於晉」，搬兵「乞師」，景公即命郤克以戰車七百乘救援。郤克決心痛擊齊國以報前仇，便請求道：七百乘是「城濮之戰」的兵力，那時有文公「之明」與「先大夫」的聰敏，所以得勝；而我郤克就是給他們當僕役都不夠格，請給八百乘吧！景公「許之」。

於是，郤克「將中軍」，由士會之子士燮「佐上軍」，欒書「將下軍」，令年輕的韓厥擔任掌管軍紀的司馬。韓厥是當年為

「曲沃武公」駕車征戰的韓萬之玄孫，晉惠公時期大夫韓簡之孫。隨即，三軍整裝出發，春秋時期另一場著名的戰役——齊晉「鞌（鞍）之戰」打響了。

五　勝負雙方均皆可圈可點的「鞌之戰」

不久，晉軍相繼到達魯國、衛國，而此時齊軍已經退卻，但郤克仍下令猛追。晉軍會合魯、衛小股兵力，六月十六日趕到「靡笄山」，即今山東濟南千佛山下。此時，齊頃公並未認輸，故準備決戰，派人拜見郤克，通報道：您帶著「君師」光臨「敝邑」，我軍不強，也願明早「請見」。郤克回答：「晉與魯、衛，兄弟也」，貴國對魯、衛動怒，我國「寡君不忍」，派我們「請於大國」，向貴國求求情，今不幸進入「君地」，「能進不能退」了，明早一定「無所辱命」，按君王您的指示照辦！外交辭令冠冕堂皇，典雅斯文，實則殺氣洋溢，鋒芒畢露，一場刀光劍影的拚鬥已勢在必行。而齊國將領高固，或許有探聽虛實的動機，更為了顯示自我，居然隻身闖入晉軍營地，拿起石頭亂砸一通，還抓了俘虜，奪了戰車，又在車上捆了個桑樹根，回到軍營邊跑邊喊邊炫耀，「欲勇者賈吾余勇」，想勇敢的買我剩下的勇氣來吧！成為大戰前夕一段別致的序曲。

次日，雙方在「鞌」，即今濟南市東北一帶排開陣勢。頃公親自登車，似乎毫不畏懼，還有點輕敵，竟放言「余姑翦滅此而朝食」，待我把這夥人消滅了再吃早餐，說罷「不介馬而馳之」，馬不披甲就衝出去了。戰鬥非常激烈，郤克中箭，血流到鞋面依舊擂鼓不斷，一邊痛苦地說「余病喙」，我喘不上氣了。為其駕車的大夫解張說，「自始合而矢貫余手及肘」，兩軍剛交兵，箭就射穿了我的手肘，「余折以禦，左輪朱殷，豈敢言病？」我折斷箭杆在駕車，車輪都被我的血染成黑紅，哪敢說受傷？「吾子忍之」，您就忍著點吧！解張又說，「三軍之心，在此車也」，「師之耳目，在吾旗鼓」，跟隨我們「進退從之」，我們怎能因一點痛苦「敗君之大事？」「擐甲執兵」，就得準備犧牲，「病未及死」，就得戰鬥！然而，郤克可能確實難以支撐下去，解張乾脆「左並轡，右援枹而鼓」，把馬韁繩統統握在左手，右手奪過鼓槌用力擂了起來，晉軍「馬逸不能止」，越跑越快，士卒跟著衝殺，不一會就使「齊師敗績」，潰不成軍，狼狽奔逃，被晉軍繞山追了三圈，輸得一塌糊塗。

這時，韓厥駕著戰車緊緊追趕奔逃的齊頃公。情急之中，頃公的「車右」護衛逢丑父連忙與頃公調換了位置，不一會戰車就因馬被樹叢所絆而被韓厥截住。俘虜之前，韓厥比照朝見國君禮節，立於「馬前」，對著逢丑父「稽首」跪拜，捧起酒觴、玉璧獻上，恭恭敬敬「敢告不敏」，對自己的「冒犯」表示致歉。逢丑父則故意指派頃公下車取水，而使之逃脫。等到逢丑父被押解回晉軍營帳時，認識頃公的郤克指其不對，韓厥方知上當，郤克也很憤怒，下令將逢丑父「戮之」。逢丑父大喊道：「自今無有代其君任患者，有一於此，將為戮乎？」，就是說從來也沒有這樣替其國君承擔死難者，只有我一個敢如此，還要殺嗎？郤克遂有所悟，覺得人能這樣「以死免其君」，「戮之不祥，赦之以勸事君者」，留著勉勵侍奉國君的人們吧！「乃免之」。

頃公返回齊軍後，當即親率人馬殺回來營救逢丑父，「三入三出」到處尋找。將士非常敬佩，拚死保駕。頃公闖入跟隨晉軍作戰的「狄人」部隊，將士也都紛紛抽出戈、盾予以掩護，又到了衛國軍中，同樣無人對其造成傷害。可惜最終無果，頃公一行才撤退回到國都臨淄。但郤克依然領軍一路猛追，「長驅直入」，「直抵國都」。

此時，頃公也有點發慌，趕緊派出使臣，獻上「紀甗、玉磬」等「寶器」，答應歸還占領的魯、衛土地以求和。但郤克「不聽」，說「必以蕭同叔子為質」才可。齊國的使臣回答，蕭同叔子是頃公的母親啊！如果對等視之，頃公之母猶如晉君之母，怎能以其為人質？況晉國欲「布大命於諸侯」，卻又要「質其母以為信」，難道是想「以不孝」昭告天下嗎？若真要如此「不義」，只好「請復戰」了，我們定將「收合餘燼，背城借一」，匯集殘兵敗將、倚靠城池決一死戰，「敝邑之幸，亦雲從也」，就是敝國有幸得勝，也會服從貴國，如不幸失敗，又哪敢「不唯命是聽」呢？齊使之言綿裡藏針，柔中帶剛，既有禮貌又不失氣節。實際上，郤克也不過是出出當年所受之惡氣而已，能真讓頃公之母當人質嗎？於是「乃許與平」，「晉師及齊國佐盟」後凱旋歸國。

「鞌之戰」是春秋諸戰中史載非常精彩的一戰，過程跌宕，細節生動，勝負雙方皆可圈可點。晉國一鼓作氣打出神威，齊國雖然失敗，但從君王到將士，也不乏英雄本色，其捨生忘死的精神絲毫不遜於贏家。

西元前五八八年，終於認輸的齊頃公專程「朝於晉」，並捧出玉璧向景公致歉。郤克連忙上前制止道，「此行也，君為婦人之笑辱」，即您因婦女取笑他人而受辱前來，「寡君未之敢任」，我國君不敢接受啊！接著，景公設宴款待頃公，席間見到韓厥，韓厥戲言道，「君知厥也乎？」，您還認識我吧？頃公笑答，「服改矣」，就是衣服換了。韓厥「舉爵」進酒道，「臣之不敢愛死，為兩君之在此堂也」，我等不惜死亡而戰，就是為兩位君主今天的歡聚一堂啊！頃公表示，「欲上尊晉景公為王」，景公連辭「不敢」。但不久，景公就組建新中軍、新上軍、新下軍，將三軍擴為六軍，晉軍又成為一支強悍的武裝，「邲之戰」中陷入窘境的晉國，重新開始揚眉吐氣。

楚國看到這種情勢後，也有意緩和關係，與晉國修好。雙方遂談判決定，將「邲之戰」重要戰俘 —— 楚國公子穀臣與荀林父的侄子荀罃 —— 互相交換，晉國還答應歸還莊王親族連尹襄老的屍骨。

此時，荀罃已經羈留楚國九年，回國前，楚共王「親自相送」，留下一段與晉文公對楚成王「避君三舍」回答一脈相承的不屈交鋒。共王首先問：「子其怨我乎？」荀罃回答：「二國治戎」交戰，我「不勝其任」被俘，未被殺掉，即「君之惠也」，「誰敢怨」您呢？共王又問：「然則德我乎？」荀罃回答：「二國圖其社稷」而打仗，如今釋放「累囚」我，也是為了彼此「成其好」，但「二國有好，臣不與及」，好處輪不到我，為什麼要「德」您呢？共王再問：「子歸，何以報我？」荀罃回答：「臣不任受怨，君亦不任受德」，我們之間「無怨無德」，還有什麼需要報答的呢？共王說：「雖然」如此，你也得告訴寡人！於是荀罃回答：若托您「之靈」，得「歸骨於晉」，蒙國君不殺、家族不戮，有朝一日「帥偏師」，讓我帶兵出征，遇到您的部下，定當「竭力致死，無有貳心」，絕對不會手軟，此即我之「所以報也」。荀罃的錚錚硬骨反倒使共王敬佩不已，曰：「晉未可與爭」，乃贈送重禮「而歸之」。

其後多年，旗鼓相當的晉、楚兩國有戰有和，時打時停，彷彿平分秋色，一直主宰著諸侯列國的種種事務。

六　遷都「新田」與「侯馬晉國遺址」的蘊藏

晉景公時期，還做過一件頗具歷史意義的事，就是遷都「新田」。

西元前五八六年，被尊為晉國的「晉望」之山、黃河西岸的「梁山」，發生了大面積崩塌，堵塞河水竟至「三日不流」。這在古人看來絕非小事，國君必須「為之不舉、降服、乘縵、徹樂、出次、祝幣、史辭以禮焉」，也就是不食肉、穿素服、除去車帷彩繪、停止歌舞觀賞、離開寢宮、虔誠奉祀、宣讀祭文、敬獻山川神靈。景公當然不敢怠慢，據稱正是景公如此這般地哭求了一番，河水才開始流通。然而，篤信天命的景公以及那些卿大夫們依然恐懼不已，深信這個現象乃是上蒼示警，或許還有再振盟主雄風、重登霸業巔峰的美好希冀，因此，便不免會產生挪挪地方、換換風水的念頭。

次年，景公提出了遷都的建議。「諸大夫」都主張遷到「郇瑕氏之地」，即今山西臨猗一帶，認為那裡有山林，有川澤，又靠近鹽池，肥沃富饒，「國利君樂，不可失也」。這時，韓厥已升任新中軍主將，「且為僕大夫」，即負責保衛宮廷的武官。退朝後，韓厥跟著景公入內，景公「立於寢庭」，停步問道：「何如？」韓厥回答：「不可。」轉而進言道：「郇瑕氏」那裡「土薄水淺」，易積汙穢，汙穢積則「民愁」，「民愁」則身心疲憊、體軀羸弱；所以「不如新田」，那裡「土厚水深」，「居之不疾」，不易染病，還有汾水、澮河能夠「流其惡」、沖走瘴癘，且那裡百姓「從教」，遵從教化，故可得「十世之利也」。接著，韓厥又告誡景公，山林、川澤、鹽池固然是「國之寶」，但國都太富就難免驕奢淫逸，「公室」勢必衰敗，「不可謂樂」，絕非好事也。

韓厥的論述，既考量國都所在地的自然條件，更考量必要的人文環境。景公深感有理，欣然「從之」。於是，土質厚實、水系深廣、百姓素養較高、可以屢世獲利的「新田」，就成為其最認同的首選。西元前五八五年「夏四月」，晉國正式遷都「新田」，史家謂之「新絳」，而將舊都「絳」稱之為「故絳」。之後，晉國在這裡承傳十多位國君，繼續存在兩百多年。

關於「新田」的具體地址，曾有過這樣那樣的說法。那麼，「新田」到底在哪裡呢？

清代乾隆二十三年，即西元一七五八年，山西曲沃知縣、文史素養甚好的張坊，主持編纂《曲沃縣誌》。此間，其人對當地的地理人文與相關史料均進行過精心的考察研究，專門撰寫了〈新田征〉、〈曲沃征〉等文，首先提出「新田」位於當時尚屬曲沃縣的侯馬一帶之說，稱「新田故城在今治西南三十里」，「其地也，絳山為屏，峨嵋列峙，澮繞於前，汾環於右」，與今天已成為侯馬市的地理情狀大致吻合，故被不少著述採信。這個說法最終也因一九五〇、六〇年代「侯馬晉國遺址」的驚人發現，而被充分證明。

「侯馬晉國遺址」蘊藏繁多，在差不多占據侯馬市四分之一面積的三十三平方公里範圍內，挖掘出多處規模可觀、布局有序、層次清晰的古城遺址。其中，有夯土構築、不同年代都做過翻修的城牆，沿牆而行的車馬大道，依傍城牆的護城河，較為小型的夯土圍牆，長寬均數十公尺的多個超大型夯土殿堂的臺基遺址，構成了開闊的宮廷建築區。另有宗廟類建築、府庫類建築、形態各異的包括水井和窖穴等附屬設施齊全的房屋類建築等。此外，該地還分布著屬於手工業生產群落的鑄銅、製陶、製骨、製石等作坊遺址。

其中，在出土文物最為豐富的鑄銅作坊區，除發現百多塊銅錠、鉛錠等原材料的大量實物與燒窯、熔爐、煉渣、居室等製作場所遺址外，更發現了形形色色的鑄銅模具「陶范」五萬餘件，鐫刻著精美圖紋者達萬餘件，能夠辨識器型者千餘件，可成套復原者也有百餘件，可以鑄造祭器、兵器、樂器等種種用具，鐘、鼎、鑊、簋、壺、敦、鋪、盤、劍、匕、鏃、鏠、匙、鏡、帶鉤、車飾、錢幣等，無所不包，應有盡有，反映出超群絕倫的手工業技藝，展現出當時生活斑駁陸離的繽紛影像。諸如此類，再加上附麗於古城遺址的無數墓葬以及祭祀坑、車馬坑等，一同構成了不可分割的文化整體，完全具備遠古都城的基本特質。因此，「侯馬晉國遺址」一九五八年被確認為「新田」遺址，一九六一年被中國國務院公布為第一批中國重要文物保護單位。

如今，曾經夢幻般的晉國都城，生趣盎然的「新田」，早已在歷史的雲煙中無聲消逝。然而，那說不完的風情萬狀，道不盡的生死歌哭，唱不衰的滄桑起落，卻依舊令人欽服、令人嗟嘆，令人滋生無限的感慨和經久的眷戀。

第八篇

孤兒傳奇・國主飲恨

中國的元代雜劇，是中華民族燦爛的藝術長河中，一朵光芒四射的浪花。雜劇作家紀君祥編寫的《趙氏孤兒》，則是元代雜劇中一支風采搖曳的奇葩。學術大師王國維先生所著《宋元戲曲考》中，就將《趙氏孤兒》與元代雜劇第一名篇《竇娥冤》相提並論，稱二者「最有悲劇之性質」，「即列之於世界大悲劇中，亦無愧色也」。而正是晉國景公時期一樁著名的歷史公案，逐漸演變為《趙氏孤兒》中膾炙人口的精彩情節。

一　《趙氏孤兒》的原初素材與事件的深層因由

西元前五八七年郤克故世，欒書繼任中軍主將，升為正卿。欒書執政時，幾度討伐「附楚」的鄭國，迫其倒戈，交結江南的吳國侵擾楚國，出兵進擊楚國所卵翼的蔡國，甚至直接攻入楚國本土示威。之後又以景公為盟主，幾度促成了齊、宋、魯、衛、鄭、曹等多位國君的隆重「會盟」，竭力展示晉國的強勢。現藏於中國國家博物館的出土瑰寶、有著四十字錯金銘文的「欒書缶」，就是欒氏家族的祭祖禮器。錯金，即用金屬絲鑲嵌的文飾，「欒書缶」也是迄今發現最早的錯金禮器，屬於春秋時期鳳毛麟角的珍貴文物。不過也有一說，此缶應是欒書之孫欒盈失勢後，出奔楚國時期所鑄，應稱為「欒盈缶」。

與此同時，欒書也對自趙盾以來擴張過度的趙氏家族予以毫不手軟的打壓，並成為《趙氏孤兒》原初素材中一個最為關鍵的隱匿角色。

依據《左傳》記載，其大體脈絡是：趙盾的長子趙朔，娶晉成公之女為夫人，生子趙武。「邲之戰」時，趙朔為下軍主將，此後再無記載，應是英年早逝。另外，趙盾的異母弟趙同、趙括、趙嬰齊，「邲之戰」時均為軍中大夫，趙嬰齊的表現最為搶眼，在晉軍渡黃河南下時，事先備齊船隻預留後路，失敗後使所轄部分人馬順利撤退，因此記入史冊，無疑是一位聰明能幹、很有本事的人物。可正是欒書成為正卿的同年，趙嬰齊居然「通於趙莊姬」。「莊」是趙朔死後的謚號，莊姬即趙朔夫人，也就是說，嬰齊與自己的侄媳有了姦情。此事敗露後，趙同、趙括決定將嬰齊放逐齊國。嬰齊說，「我在，故欒氏不作」，有我在，姓欒的不敢發難；「我亡，吾二昆其憂哉」，我一走，兩位哥哥的麻煩就來了。但二位執意不聽，還是將其逼走，不久嬰齊病死在齊國。到了四年後的西元前五八三年，「為趙嬰之亡故」怨憤在心的莊姬，譖告景公，說趙同、趙括將要「為亂」，有「欒、郤為證」。於是，景公下令討伐，趙同、趙括被殺，趙氏封地被剝奪，莊姬攜趙武躲進宮中。後來，少年時曾受趙氏養育並提攜的韓厥進言景公，「成季之勳，宣孟之忠」，趙衰那麼大功勛，趙盾那樣盡忠，如使「無後」，「為善者其懼矣」，好人就要心存恐懼啊！景公聽其所勸，復立趙武，也就是自己的外甥承繼趙氏宗祀，且返還部分剝奪的封地。

《左傳》記載的，似乎只是一個亂倫加報復的故事。可是，為什麼亂倫發生之後很久，莊姬才報復呢？又為什麼要捏造如此大罪，非要把趙同、趙括置於死地呢？其中，勢必潛藏著更為深層的緣由。

趙盾是趙衰長子，但成公初年，將「宦卿」長子收為「公族大夫」時，趙盾卻將官職讓給了弟弟趙括。這樣，本該其長子趙朔、長孫趙武承繼的尊貴爵位，以至趙氏家族的首領地位，就要落到趙括的後人頭上。趙朔早逝，夫人與叔輩私通固然不當。可是對莊姬而言，屬於兒子的一切，眼睜睜傳給他人，應該才是創傷深重的仇恨。甚至，這個趙武究竟是趙朔還是嬰齊的骨肉，都有點撲朔迷離，放逐嬰齊究竟是維護家族顏面，還是家族內訌，也存在難解的疑問，並不能排除爭權奪利的因素。後來嬰齊客死，莊姬失去的，就不僅是情感依託，更大的可能是失去自己不惜以身相許的踏實靠山。所以，隨著年幼的兒子一年一年長大，她怎麼會不日益焦慮未來？為趙武剷除對手的動機怎麼會不越來越急迫、強烈呢？何況，身為景公的姐妹，她的謊告幾乎沒有任何風險，所以如此出手凶狠不就順理成章了嗎？

另一方面，對於樹大根深的趙氏，景公恐怕忌憚已久，希圖壓制。正卿欒書與前任正卿郤克家族，當然巴不得一舉擊垮趙氏一族。那麼，機會來臨怎能不欣然作證？怎能善罷甘休呢？而按照宮廷權鬥的通常邏輯分析，莊姬此舉的幕後要角，其實最難擺脫關係者，就是欒書。因為，此時欒書執政為時已久，集聚的矛盾怕已很多，趙同、趙括或已咄咄逼人，欒、趙的衝突或已形同水火。否則，趙嬰齊怎麼能說出「我在，故欒氏不作」，「我亡，吾二昆其憂哉」這樣的話呢？鑑於此，翦除異己應已成為欒書的當務之急，加之其人高居樞要，施展權謀不難，策劃陰謀容易，聯手郤氏推波助瀾、興風作浪恐也是一拍即合。唆使怨憤的國君親人出面，而後乘勢借力，又何嘗不是巧妙的一招？可以想像，僅憑莊姬一番話語，景公能如此決斷嗎？假如沒有欒書等人的誇大其詞、羅織罪名，乃至慫恿鼓動，景公會這樣大動殺機、痛加屠戮嗎？其結果就是，莊姬如願以償奪回爵位，景公削弱了龐大的趙氏家族，郤氏實力回升，欒書威勢大增，根基坐穩，權傾一時，炙手可熱，成為最大的贏家，到後來更成為繼趙盾之後，又一個弒君的晉國權臣。

二　司馬遷更加生動的敘事版本及其線索來源

而在司馬遷《史記．趙世家》中，這樁歷史公案卻有著完全不同、也較《左傳》更加生動的版本。其基本情節是：趙盾死後，趙朔繼為家族首領，娶晉成公的姐姐為夫人。景公繼位後，曾「有寵於靈公」的大夫屠岸賈出任執掌刑法的「司寇」。西元前五九七年，屠岸賈藉口追究殺害靈公「之賊」，遂「遍告諸將」，聲言趙盾「猶為賊首」，而「以臣弒君」者至今「子孫在朝」，理應誅滅，否則「何以懲罪」？韓厥表示反對，說「先君」已認定趙盾「無罪」，「故不誅」，現在反要「誅其後」，此非「先君之意」，但「屠岸賈不聽」。韓厥遂趕緊勸告趙朔出奔，趙朔「不肯」，稱只要將來您能爭取「不絕趙祀」，雖「死不恨」。沒多久，屠岸賈便擅自帶領「諸將」，「攻趙氏於下宮」府邸，「殺趙朔、趙同、趙括、趙嬰，皆滅其族」。唯懷有身孕的趙朔夫人躲進景公宮中，倖免於難，不久生下小孤兒趙武。「屠岸賈聞之」，立即進宮搜索，一定要斬草除根。無可奈何的趙朔夫人，只得把孩子藏到自己的套褲裡，暗暗禱告「趙宗滅乎，若號；即不滅，若無聲」，即你要讓趙氏滅絕就哭，若不，就別出聲！孩子果然「無聲」，逃過此劫。事後，趙朔的門客程嬰和公孫杵臼商量，認為屠岸賈「一索不得」，必然再來，該怎麼辦？公孫杵臼問：「立與死孰難？」，撫育孤兒與死哪個更難？程嬰回答「死易」，「立孤」更難。公孫杵臼便說，「趙氏先君」待你不薄，那麼你就「強為其難者」，讓我做「其易者」，願「請先死」。於是，兩人從別處找了個嬰兒藏起來，程嬰裝作愛財，稱「誰能與我千金，吾告趙氏孤處」，就引屠岸賈去抓。公孫杵臼則煞有介事地痛罵「小人哉程嬰」，又故意「抱兒」大喊「天乎！天乎！趙氏孤兒何罪？」呼天搶地哀求「獨殺杵臼可也」，把假戲演得活靈活現，結果他和嬰兒都被殺死。程嬰帶著真正的孤兒遠逃山中，悉心養育。

轉眼十五年過去，西元前五八三年景公生病，請巫師占卜，謂有大功業者後繼「不遂」，所以成疾。韓厥隨即進言，大功業者後繼「絕祀」者，不正是趙氏嗎？趙氏滅門「國人哀之」，故示之巫卜，「惟君圖之」，望君深思啊！景公問：「趙尚有後子孫乎」？韓厥連忙告知實情。景公便悄悄下令接回趙武，由韓厥派兵控制，召「諸將」進宮，「而見趙孤」。「諸將」見狀大吃一驚，紛紛辯解「下宮之難」，殺害趙氏，皆因屠岸賈假傳「君命」，要不誰「敢作難」呢？景公即命趙武與程嬰「遍拜諸將」，「諸將」復與趙武一同發起攻擊，滅掉屠岸賈一族。此時程嬰說，我當年「非不能死」，只是為了撫育趙武，「思立趙氏之後」，「今趙武既立」，我將追隨恩公趙盾與公孫杵臼去也。趙武「啼泣頓首」請求，表示「武願苦盤骨以報子至死」，我渾身筋骨苦透，也要報您的恩德至死，「子忍去我死乎？」，您忍心棄我而去嗎？但程嬰坦言，公孫杵臼「先我死」，就是「以我為能成事」，今我「不報」於他，是「我事為不成」嗎？遂義無反顧，坦然自盡。趙武為之服重孝三年，春秋兩祭「世世」不絕。後來，趙武逐步成長，最終成為晉國正卿，並留下相當不錯的執政業績。

同樣的歷史公案，《史記》與《左傳》的記載卻大相徑庭。首先，《史記》的事發時間為西元前五九七年，孤兒趙武剛剛出生；《左傳》中卻是西元前五八三年，足足推遲了十四年，頗有差距。其次，《史記》中的屠岸賈，是景公時期執掌生殺大權的重臣，《左傳》中所記晉國所有大夫中，卻根本沒有此人。其三，《史記》中機智勇敢地保護孩子的趙朔夫人，在《左傳》裡卻是一位私通叔輩、挑起禍端、手段殘忍的悍婦。其四，《史記》中是追究殺害靈公「之賊」釀成的爭鬥，《左傳》中卻是處置亂倫引發的家族衝突，所殺者也只有趙同、趙括，沒有趙朔、趙嬰齊。其五，《史記》中趙朔娶晉成公的姐姐為夫人，年齡和輩分都有較大漏洞，《左傳》中有點語焉不詳，多認為其是成公之女。

顯然，與當時年代接近的《左傳》，較《史記》應該更加契合真相，顯示本源。值得注意的是，在《史記・晉世家》中，也有西元前五八三年「誅趙同、趙括，族滅之」這樣與《左傳》大體一致的記載。這就足以說明，司馬遷撰寫《史記》時，對《左傳》的資料並不陌生。

那麼，司馬遷為什麼還要留下迥然不同的敘述？《史記・趙世家》中所記載的線索來源是什麼呢？有一種推斷稱，這應該來自戰國時期的民間傳說，或者是趙氏建立趙國後，為了美化祖先的形象，掩飾曾經的醜聞，因此在纂修國史的時候，將其收入。司馬遷看過相關典籍，不忍割捨，於是本著「存疑」的精神，一邊照搬《左傳》，一邊又如實記錄了這個真真假假的故事，並非自己的虛構。後來，這些典籍失傳，但太史公繪聲繪色的敘述，則大大引起了後人的興趣，且在中國文學藝術的田園中，定格為一個絕佳的創作原型，一個被無數次編排、演義的素材寶庫。

紀君祥的雜劇《趙氏孤兒》，無疑屬其中最為出色，實為翹楚的一部。

三　驚心動魄的戲劇奇葩與享譽西方的記載

《趙氏孤兒》全名《趙氏孤兒大報仇》，元代散曲家鍾嗣成所著《錄鬼簿》中也稱作《冤報冤趙氏孤兒》。劇情源自《史記》，卻增加了許多驚心動魄的內容。其梗概脈絡如下：

屠岸賈與趙盾不和，趙盾死後公報私仇，假借晉靈公之命，滅掉趙氏一門三百人，又迫令趙朔用短刀自盡。趙朔夫人躲入宮中、生子趙武後，屠岸賈準備繼續加害。而程嬰的身分已不是門客，變成了一個可以進出宮門的草澤醫生，遂在夫人懇求下，把小兒藏在藥箱中帶走，夫人為斷牽掛，又以裙帶自縊。到了宮門口，守將韓厥同情趙氏，故意放行，然後也拔劍自刎。屠岸賈得到報告後下令，若無人交出孤兒，就將晉國「半歲以下」孩童統統殺掉，並張掛榜文，有「掩藏」孤兒者「全家處斬，九族不留」。無奈之際，程嬰就找到歸隱鄉間的古稀老臣公孫杵臼，言自己願以未及滿月的親生小兒假冒，我們父子同死，懇請公孫杵臼告密立功，日後撫養孤兒。公孫杵臼卻稱，你程嬰才四十多歲，年邁的我理應先死。兩人爭執一番，程嬰終於同意，將親生小兒交給公孫杵臼後，自己前去告密，屠岸賈得訊，立刻趕往公孫杵臼家宅搜查。公孫杵臼為使之深信，特意矢口抵賴，經過嚴刑拷打，仍然拒絕供認。屠岸賈便使出狠招，令程嬰親手打公孫杵臼。程嬰只得遵命，但棍子太細不行，太粗也不行，程嬰只好挑中等棍子用力抽打。假戲做成了真戲，兩位義士的心靈卻深受折磨，但大大消除了屠岸賈的懷疑。公孫杵臼這才表示撐不住了，願意交代。此時，程嬰的小兒也被人從土洞搜出，屠岸賈當面連砍三劍剁死，程嬰痛苦萬分，還得強忍眼淚，佯裝平靜，公孫杵臼則撞階身亡。

事後，屠岸賈覺得程嬰尚可，遂收其為門客，並將程嬰託名程勃的孤兒趙武認作養子。過了二十年，趙武成為一位文武雙全的聰敏青年，程嬰已垂垂老矣，歲月無多。於是他就將趙氏一門死難的情景繪作圖卷，有意遺落地面，讓趙武拾到，在趙武閱覽後的驚駭之際，程嬰才將所有真相一一講述出來。恍然大悟的趙武悲憤交加，怒不可遏。隨後，即向新登基的明君訴冤，獲得誅滅屠岸賈的詔令，而將其拿獲，屠岸賈被眾人釘上了木驢，千刀萬剮而死。趙武圓滿報仇，趙氏也復爵為卿族。

經過這樣的編寫，情節顯然更加跌宕起伏、出神入化，戲劇衝突更加尖銳激烈、扣人心弦。正反兩方的人物形象越發生動飽滿，無論就書面觀賞性還是舞臺的愉悅性，均可謂魅力非凡，稱得上是一部出類拔萃的戲劇瑰寶。所以，《趙氏孤兒》幾百年來一再被改編、被移植，搬上舞臺，盛演不衰，而且成為中華戲劇第一部流傳海外的經典之作，成為曾在西方轟動一時的東方文化奇珍。

一七三四年，法國教士馬若瑟翻譯的《中國悲劇趙氏孤兒》節本，首先在巴黎《法蘭西時報》摘要刊登。次年，又載於巴黎出版的《中華帝國全志》中。一七三六年，英文譯本印行，後尚有德文、俄文等譯本面世，引起歐洲相關人士的注意。一七四一年，最早的《趙氏孤兒》仿作、英國人威廉·哈切特（William Hatchett）的《中國孤兒》（The Chinese Orphan: An Historical Tragedy）出版於倫敦。一七四八年，義大利人梅塔斯塔西奧也據此仿作了歌劇《中國英雄》。一七五四年，《趙氏孤兒》最為知名的改編之作、法國啟蒙思想家伏爾泰的五幕詩劇《中國孤兒》出版，次年八月上演於巴黎法蘭西歌劇院。伏爾泰仰慕中國文明，特意為劇名加注了副標題「五幕孔子的倫理」。一七五九年，英國亞瑟·墨菲（Arthur Murphy）改編的《中國孤兒》在倫敦上演。一七八一年，德國作家歌德又據此內容創作戲劇《埃爾泊若》，獻給親密女友斯坦因夫人。其後很長時間，《趙氏孤兒》被添加了種種古怪情節，也往往被注入別種主題，在歐美諸國一再重演，屢有改編。在世界戲劇五彩繽紛的殿堂中，《趙氏孤兒》享有了誠如王國維先生所說的「亦無愧色」的聲譽。

四　晉景公的憋悶之死與晉厲公的伊始作為

西元前五八一年，晉景公故世，其子晉厲公繼位。一個很有意思的掌故是：這一年，景公曾夢見厲鬼索命，「被發及地」又「搏膺而踴」，拍著胸脯狂跳說，「殺余孫，不義，余得請於帝矣」，即你殺了我家孫兒是大不義，我已向天帝告狀了。說著搗毀「大門及寢門而入」，「公懼」，逃進內室，厲鬼又「壞戶」，搗毀小門追趕，景公頓時驚醒，一身冷汗。

古人云「日有所思，夜有所夢」。按照現代心理學的說法，夢是人與內心真實的一種對話，是其潛意識的自我調適或釋放的路徑，更多的則是一種對自我的碎片化具象警示，所以夢中的焦慮、惆悵等消極因素，往往比例更高。景公在位時，誅滅過名將先軫與重臣趙盾的後人，一直篤信鬼神的他，到了生命盡頭之時，其精神恐懼的陰影肯定與日俱增，夢見這樣的情景自然不足為奇。

景公驚醒後，越思、越想、越害怕，就請來「桑田」巫師詢問吉凶。巫師說君「不食新矣」，即你吃不了今年的新麥了，從此景公更是一病不起，急忙「求醫於秦」。秦國醫生還未到，就又夢見「二豎子」，兩個彷彿病魔的古怪小人在爭論，一個說「良醫」快來了，何如「逃之」？一個說我們在「肓之上，膏之下，攻之不可，達之不及，藥不至焉」，我們不怕他！秦國醫生到達後，果然無法治療，景公越發怪夢不斷。到六月新麥成熟，廚人煮麥粥獻上。這時，景公想到巫師的預言，立刻傳其進宮，責備其胡說，讓他看了麥粥「而殺之」。殺掉巫師後，景公「將食」之際，忽然有點內急，趕緊起身如廁，結果卻「陷而卒」，跌入茅坑丟掉了性命，果然未能吃上新麥。

景公在位十幾年，總體而言算得上是一位合格的君主，卻死得如此憋悶、背時，成為一段著名的歷史趣談，令人忍俊不禁的同時，也不免嘆惋。

厲公登基伊始，就希望有所作為。首先是「欲和諸侯」，透過宋國溝通，「合晉、楚之成」，晉楚雙方盟約「於宋西門之外」，確定了「無相加戎」、「同恤菑危」，就是互不訴諸武力、聯手救災恤患等多項來往原則，兩國關係緩和，並彼此進行了友好訪問。同時，厲公也期盼「秦、晉為成」，邀請敵對多年的秦國會談，且親自趕到黃河東岸等待，但秦國桓公失諾，不願移駕渡河晤面，只好互派代表，秦使赴河東、晉使到河西勉強簽約，謂之「夾河而盟」。可是回國之後，秦國就撕毀盟約，又謀劃聯合「狄與楚」，共同「伐晉」，楚國沒有出兵，秦國與狄人的進攻被晉國擊敗，因此秦國的背信棄義反而使諸侯更加和睦「於晉」。

西元前五七八年，厲公偕同齊、魯、宋、衛、曹等國諸侯，赴王都雒邑朝拜周天子，共謀「伐秦」，周天子也願出兵助戰。於是，厲公派出一位能言善辯的年輕使臣，也就是「郤之戰」中因未能當上「公族大夫」而惹事的魏錡兒子魏相前去「絕秦」。魏相到秦國後，憑藉傑出的口才，在稍稍讚揚了秦穆公與晉獻公的「勠力同心」及其成全晉文公歸國即位的好處後，立刻話鋒一轉，慷慨陳詞，洋洋灑灑，甚至強詞奪理地訴說了從穆公後期以來秦國對晉國的種種「惡行」，宣布斷交。不久，欒書統率的「晉師」及「諸侯之師」就浩蕩殺來，在麻隧（即今陝西涇陽一帶）大敗「秦師」，俘獲兩名將領，還一直追逐秦軍到秦國腹地，逼近都城後方才回師，給秦國一個沉重的打擊，史稱「麻隧之戰」。這樣，晉國在北方終於懾服了齊、秦兩個大國。

「麻隧之戰」時，曹國的宣公死於軍旅，留守國內的公子負芻謀殺太子，自立為曹成公。此後，厲公召集多國諸侯「會盟」於齊國「戚」地，在今河南濮陽，當場將成公捉拿，押往雒邑，交給周天子治罪，請求改立宣公庶子、名子臧者繼承王位。可子臧卻表示「聖達節，次守節，下失節」，意即我做不到「達節」，但至少應該「守節」，怎麼能「失節」呢？拒絕即位「為君」而出奔宋國。曹人因一國無主，非常憂慮，只得「請於晉」又「復請於晉」，懇求厲公高抬貴手，放過成公。厲公以保證子臧生命安全為條件，派人護其歸國，遂允許成公復位。就這樣，經過數年努力，中原列國大體歸屬於晉國，厲公幾近一言九鼎、呼風喚雨，擁有不可挑戰的權威。

五　三位國君披掛上陣的激烈對決—「鄢陵之戰」

看到這樣的局勢，楚國顯然不悅，故西元前五七六年又擬北侵。有大夫不同意，認為剛剛與晉國盟約就「背之」，有失妥當。但楚莊王之弟、楚共王的叔父、當權司馬子反卻堅決主張出征。因此，楚國很快起兵「侵鄭」、「侵衛」，鄭國還與之對打了一陣，但不久就被楚國軟硬兼施壓服，轉而倒戈「叛晉」。

第二年，鄭國甚至仗勢「伐宋」，進一步引發了「晉怒」。欒書聲言「不可以當吾世而失諸侯」，即絕不能在我們這一輩丟掉諸侯！乃請厲公統率，自己「將中軍」、前正卿士會之子士燮「佐之」，郤克之子郤錡「將上軍」、荀林父之孫荀偃「佐之」，韓厥「將下軍」，郤克的堂侄郤至擔任副將，指揮新整編的新軍，浩蕩「興師」、出動「伐鄭」，同時派人「乞師」齊、魯、衛等國助戰。鄭國聞報後，慌忙向楚國告急。於是，楚國由共王統率，子反「將中軍」，並率左軍、右軍前來救援，鄭國也一道參戰。五月晉軍渡過黃河，六月雙方遭遇於鄢陵，即今河南鄢陵縣。相持一段時間後，春秋時期晉、楚之間的第三場大戰「鄢陵之戰」正式開打。

西元前五七五年六月二十九日，楚軍利用晨霧掩護，突然迫近晉軍營壘列陣。晉軍陣前泥濘，兵車難以排列，「軍吏患之」，有將領主張避讓。但欒書認為，「楚師」來得輕忽草率，「三日必退」，主張先「固壘而待」，待其「退而擊之，必獲勝焉」。

郤至也指出：「楚有六間」，即六個缺陷，我等「不可失也」，不能放過。一是「二卿相惡」，主將子反與左軍將領不和；二是「王卒以舊」，楚共王的親兵選自舊族，已衰老；三是「鄭陣而不整」，鄭國軍隊布陣鬆散；四是「蠻軍而不陣」，隨其出征的異族武裝不會布陣；五是「陣不違晦」，布陣不懂避諱；六是「在陣而囂，合而加囂」，布陣時吵吵嚷嚷、陣成後秩序混亂，且「各顧其後，莫有鬥心」，犯了兵家大忌，所以「我必克之」。厲公採納，決定迎戰。

兩軍對陣時，楚共王親自登上「巢車」，即瞭望敵情的樓車觀察，厲公則請從楚國投奔而來的苗賁皇為顧問，立於身邊。苗賁皇進言，「楚之良」皆在「中軍王族」部隊，建議先以精銳兵力「擊其左右」，再聚合「三軍」，擊其中軍，「必大敗之」。厲公聽從，即令猛攻楚之左、右兩軍。繼而，厲公與楚共王、鄭成公三位國君皆登車上陣，縱橫奔突。不久，厲公的戰車陷入泥潭，欒書欲將其轉入自己的戰車，但護衛厲公的其子欒鍼說，「國有大任」，「焉得專之？」，哪能你一個人承擔？遂奮力「掀公以出於淖」，把厲公與戰車救了出來。

此時，魏錡發箭，正好射中共王的眼睛。共王忍痛召喚神射手養由基，給其「兩矢，使射」魏錡。養由基一箭就射中魏錡脖頸，致其摔倒在弓套邊，頃刻斃命。魏錡行為不免莽撞，但多少彌補了「邲之戰」中違令的過失。與之相反，郤至在交戰中，三次與共王的戰車相遇，每次都會「免冑」，脫下頭盔，下車快步趨前，恭恭敬敬再拜而去，以致共王還派人對其贈弓一張，表達問候。而欒鍼看到為楚軍擊鼓的子重的軍旗後，想到訪問楚國時，曾與其人來往，也特請厲公「許之」後，派人前去為子重敬酒。子重「受而飲之」，放走來人，然後「復鼓」再戰，又用力敲了起來。

漸漸，晉軍占了上風。韓厥在追逐時，看到是鄭成公的戰車退逃，以「不可以再辱國君」為由，停止了行動。同時郤至也在追逐，其手下建議用輕車繞小路攔截，定可俘獲，郤至卻以「傷國君有刑」，予以制止。這時，成公的同車護衛唐苟卻隻身下來抵抗，力戰至死，掩護成公遠遁而去。眼看晉軍已將楚軍逼到險境，共王之子熊茷也被俘虜。危急之際，養由基連連發箭，中者個個「盡死」，楚軍又將晉軍的屍體投擲過來，砸壞了戰車的橫木，晉軍的攻擊「乃止」。

這場激烈的對決，三位國君均親自上陣，從清晨打到星月初升，楚軍嚴重受挫，但勝負仍未確定。其間，兩軍交鋒中，夾帶諸多禮節，充分展現了當時的戰爭倫理以及所謂的君子精神。

兩軍回營後，子反收拾「餘兵」，派出「軍吏」視察傷亡，補充「卒乘」，修繕「甲兵」，調整「車馬」，下令「雞鳴而食」，次日再戰。這邊，苗賁皇則故意虛張聲勢，宣揚晉軍的「秣馬厲兵，修陣固列」，還有意讓俘虜逃脫。俘虜回去報告了晉軍的氣勢，眼睛本已受傷的共王難免惶恐，又聽說魯、衛兩國援軍趕到，故急召子反商量對策。誰知，嗜酒的子反已喝得爛醉如泥，三喚不起。共王無奈長嘆：「天敗楚也夫！余不可以待」，連夜遁逃而去。養由基將子反綁上戰車，走了兩百多里，子反方才睡醒。晉軍入楚營「三日穀」，將繳獲的糧食整整吃了三天。事後，共王傳話給子反，自我責備是「不穀之罪也」，這位當叔父的卻越發羞愧，遂自殺而死。

「麻隧之戰」使秦國蒙受重創，此後多年再也無力挑釁；「鞌之戰」後齊國賓服；「鄢陵之戰」更使楚國爭奪中原的銳氣遭受重創，晉國「由此威諸侯」，為不久之後的霸業復興、重建盟主威儀，邁開了強勁的一步。

六　因關鍵性失策而慘遭毒殺的悲摧國君

不幸的是，這位對外用兵戰績可觀的厲公，卻在處理國事方面付出了血的代價，成為晉國又一位被權臣謀害的君主。

按照《左傳》記載，是「晉厲公侈，多外嬖。反自鄢陵，欲盡去群大夫而立其左右」；《史記》中則是「欲盡去群大夫而立諸姬兄弟」。「侈」就是生活奢侈或行為放肆，可史籍並無多少確證。最根本的問題是，從晉成公時，按照趙盾策劃，將卿大夫子弟提升為「公族」後，這些獲得了等同國君同族身分的權貴，勢力快速滋長，野心日益擴大，不斷擠壓君權，越來越飛揚跋扈，彼此間也勾心鬥角、明爭暗鬥，國君未必可以輕鬆駕馭。厲公本人又絕非庸凡懦弱之輩，「鄢陵之戰」勝利歸來後，也許更有了幾分自傲，就想以親信取代卿大夫子弟的職務，重新扶持自己的姬姓公族。

因此，所謂「多外嬖」，實際就是厲公另行培植的一些親信寵臣，其最得力的幹將胥童，就是追隨文公出奔的大夫胥臣的重孫。但《史記》中卻有意將「多外嬖」添加為「多外嬖姬」，這樣就模糊了國君的「姬」姓與女性美稱的「姬」的鮮明區別，且又添加了一句「寵姬兄曰胥童」，把胥童弄成厲公寵姬的哥哥，不僅從年齡上很難說通，也是之前任何史書中都找不到依據的杜撰。

此時的晉國卿大夫中，正卿欒書固然大權在握，郤氏一族卻發展最猛，在晉國四軍八位主副將中，就占據了三名，即郤錡由上軍主將升為最強大的中軍副將，成為隨時可以接替欒書的人物，郤至由新軍副將升為主將，還有郤錡、郤至的堂叔郤犨也升為下軍副將，號稱「三郤」，成為非常龐大的家族勢力。對於厲公，「三郤」尚屬忠誠，但對百姓，卻每每恃強凌弱，奪田爭地，積怨不少。而胥童，因其父胥克曾受郤氏打擊、被郤缺藉口「有蠱疾」，即有精神病而罷官，早已耿耿於懷。當然，最畏懼、最忌恨「三郤」、最欲「廢之」的還是欒書，彼此的矛盾糾結應該也逐漸在加劇。

於是，伎倆詭譎的欒書就以釋放歸國為餌，唆使鄢陵之戰的戰俘、楚共王之子熊茷密報厲公，稱此戰是郤至招來的楚軍，以期擊敗晉軍，借機廢黜厲公，擁立寓居周王都雒邑的公子孫周。厲公被蒙在鼓裡，竟然將此消息通報欒書，欒書又故意獻策，請厲公委派郤至去慰問孫周，予以「微考」，即觀察其言行。郤至不知欒書「見賣」自己，見到孫周後非常熱情，談吐隨意，厲公派人探知，更加信以為真、深化猜疑，「欲殺之」。郤至還在孫周的老師單襄公面前「驟稱其伐」，竭力炫耀自己的鄢陵戰功，睿智的單襄公當時就已經感覺到，郤至這樣自吹自擂，不注意「慎其細」，恐怕離死不遠了。

西元前五七四年，某次厲公率眾出獵，竟讓隨從的「婦人先殺」，並與之「飲酒」，然後才「使大夫殺」，此舉厲公顯然有失禮節。不久郤至獻上野豬，卻被厲公內臣「寺人孟張」搶奪，郤至惱怒，竟當場射死孟張，此舉無疑更失恭敬，厲公極度不悅。而郤錡的為人也有點專橫囂張，厲公就越產生芒刺在背之感。因此，或許還有欒書的繼續離間，胥童等人急於奪權，也不斷煽惑，聲稱只有除掉樹敵不少的「三郤」，姬姓才能不受威逼。所以，當年夏曆的臘月末，厲公就密令胥童率甲兵「八百」討伐「三郤」。但胥童等人決定智取，便裝作上門爭訟的樣子前往郤府，待其不備時，突然將郤錡、郤犨刺死於座席，郤至駕車逃奔，也被追殺，郤氏卿族從此徹底消逝於晉國政壇。

接著，胥童等人一不做，二不休，立刻抓獲欒書以及與其親近的上軍主將荀偃，勸厲公道：「不殺二子，憂必及君」。可是這時厲公卻心軟了，說「一朝」而「殺三卿」，「余不忍益也」，即不願意再有殺戮了。胥童回答「人將忍君」，即人家會忍您嗎？厲公還是不聽，且安慰了欒書、荀偃一番，並使其官復原職，二人連忙頓首謝恩，說：「免臣於死，君之惠也」，並聲言「二臣雖死，敢忘君德？」匆匆拜別離去。

如此，厲公就在實施戰略目標的生死時刻嚴重失策，犯下了關鍵性的錯誤。既然要「盡去群大夫」，就理應擒賊擒王，一網打盡，卻濫發慈悲，錯失良機，丟棄了斬草除根的最佳時機。且既然意圖洩露，就理應快刀斬亂麻、速戰速決，卻縱虎歸山、疏忽大意，過高估計了對手的臣德，未曾防範對手的猖狂反撲。果然，沒過幾天，欒書、荀偃就趁厲公外出遊覽、警戒鬆懈之時，指使黨徒發動襲擊，將其囚禁，同時誅殺了剛剛獲授「卿」職的胥童。又過了幾天，於正月初五，將厲公以「鴆酒」毒殺「而斃」。

就這樣，被獻公以來的束縛政策所制約的羸弱公族，再一次慘敗於肆無忌憚的卿大夫手下。凶狠的「弒君」者，僅「以車一乘」，便將這位死於非命的悲摧國君草草埋葬於「翼」之「東門之外」。心有餘而力不足的厲公，在其淒涼的孤墳中，也就只能飲痛不已，留下遺恨，留下屈辱，乃至留下了非常值得質疑的罵名。

第九篇

英風再振 · 明君復霸

晉厲公「盡去群大夫」的企圖，實際上導致了自己與卿大夫集團的集體對立。因此在其被弒後，就連堅決拒絕參與陰謀的韓厥和士氏家族，均未追問「君死之故」，其他人也都選擇沉默，事件不了了之。於是，西元前五七三年春，欒書就從王都雒邑迎回公子孫周繼位，是為晉悼公。

一　晉悼公的凜然亮相與出類拔萃的治國方略

悼公是晉文公的玄孫，時年僅十四歲，但其天資聰慧，穎悟絕人，以賢德著稱，在諸公子中聲望最佳。他寄居雒邑時，師事於周王室著名卿士單襄公。單襄公年歲已高，卻是一位見識非凡的智者，對晉國的現狀、國勢走向一清二楚、洞悉頗深。單襄公也深深感到，悼公「其行也文」，舉止穩重、氣質超群，敬、忠、信、仁、義、智、勇、教、孝、惠、讓「此十一者」，樣樣「皆有」，將來必「得晉國」。可以設想，在單襄公的教誨下，晉國幾代君主的得失成敗，厲公悲劇的癥結與教訓，悼公恐早已心明如鏡；對如何操控一向驕縱的卿大夫，也有了一套謀劃周全的策略。

所以，就在這些卿大夫恭候悼公大駕之時，一個下馬威，頓時使他們噤若寒蟬。悼公未下車，率先開言：「孤始願不及此，雖及此豈非天乎？抑人之求君，使出命也，立而不從將安用君？二三子用我今日，否亦今日」，意思是：我本來沒有這個願望，今能有此，難道不是天意嗎？我想人之所以擁立國君，就是要使其發號施令，如果立了卻不聽從，國君還有何用？因此我先把醜話說在前頭，你們用我還是不用我都可以，請列位速作決定！言下之意就是，倘若列位不聽我的話，我立刻掉頭而去。

擲地有聲的開場白，措手不及的悶棍，驟然間就讓「二三子」徹底目瞪口呆。剛剛迎來的國君，怎能輕易送走？豈不貽笑天下？接著，悼公有意緩和，語氣勸勉道，只有「共而從君，神之所福也」，恭恭敬敬遵從國君，方能有神賜之福啊！這些卿大夫聽罷，只好頓首叩拜道，這也是「群臣之願也」，我們「敢不惟命是聽」嗎？於是，悼公下令先行盟誓，輪流表態，再入都城。幾天後朝拜祖廟，悼公又當場驅逐「不臣者七人」。以先聲奪人的凜然亮相，充分展現了一位非同凡響的君王氣概。

二月初一，悼公正式登基。隨即先「定百事」，主要有：「施捨，已責」，對民眾行賞示恩，免除所欠官債；「逮鰥寡，振廢滯」，照護鰥夫寡婦，起用被湮沒的賢士；「匡乏困，救災患」，周濟貧困，救助災禍；「禁淫慝，薄賦斂」，制止奸惡，減徵賦稅；「宥罪戾，節器用」，寬赦罪人，提倡儉約；「時用民，欲無犯時」，合理徵用差役，不得侵犯農時；還要「養老幼，恤孤疾」，「年過七十」者，國君親自召而「見之」，敬稱「王父」，以贏取百姓廣泛的支持和擁護。

其次是「立百官」，悼公宣布：提拔魏相為下軍主將，因其父魏錡於「邲之戰」中抓獲楚莊王之子穀臣，於「鄢陵之戰」射中楚共王眼睛而又犧牲，其後人不能不栽培。提拔士魴為新軍主將，因其父士會「宣法以定晉國」，至今猶用，其兄士燮勤於國事「以定諸侯」，「二子之德，豈可忘乎？」提拔魏錡的侄子魏頡為新軍副將，因其父魏顆在「輔氏」大敗「秦師」，俘虜秦國大力士杜回，功勛銘刻在景公之鐘，故「其子不可不興也」。

接著悼公宣布：士貞子博學多聞，術業專精，命為太傅，令其「宣惠」教民；賈辛通曉算學，深研物理，命為司空，令其掌管建築；弁糾善於駕車且明於政務，令其為國君「御戎」，駕駛戰車，並負責管理所有御者；荀賓強健有力但性格「不暴」，令其為國君的同車護衛，並負責管理所有勇士；今後眾卿一律不自設御者，「立軍尉」，統一調配車輛。又宣布：祁奚果斷而處事有度，命為中軍尉；羊舌職聰慧敏捷，令其輔助祁奚；魏絳「勇而不亂」，命為中軍司馬；張孟「智而不詐」，命為中軍候奄；鐸遏寇謹慎而誠實剛強，命為上軍尉；籍偃敬職而知禮，命為上軍司馬；程鄭莊重無邪且勇於直諫，命為國君的馭馬親隨、馬隊總管。

其間，欒書提出請國君封「公族大夫」。悼公當即同意，並稱：荀氏二人，荀家「惇惠」、荀會「文敏」；欒書之子欒黶「果敢」；韓厥之子韓無忌「鎮靜」，「公族大夫」以此「四人者為之」。

繼而，悼公告誡眾臣：豪族子弟「膏粱之性」難改，只有讓「惇惠」者掌管以「教之」，才可使其樸訥而不懈怠；讓「文敏」者掌管以「導之」，才可使其溫婉而明事理；讓「果敢」者掌管以訓育之，才可使其知過而不隱；讓「鎮靜」者掌管以糾正之，才可使其善始而善終。只有如此，這些子弟才能做到恭謹、勤儉、孝敬、和睦。

出類拔萃的治國方略，有的放矢的機敏舉措，一系列複雜縝密的人事安排，悼公都部署得有條不紊，乾淨俐落，各盡其妙，秩序井然。施政方面，重在「修舊功，施德惠」，剔除積弊，關注民生，改善人文環境，優化社會秩序。人事方面，著意扶植青年貴胄，弱化原有的權勢集團，創建新的權力格局，而說辭卻是頭頭是道，句句在理，滴水不漏，無懈可擊。其預案之胸有成竹，知人之明察秋毫，思考之高屋建瓴，也使晉國眾臣再度領教了這位少年君王的無與倫比和主宰大局的駕輕就熟、遊刃有餘。眾臣不得不心悅誠服，規規矩矩地擁戴之。

更厲害的一招是，悼公及時將欒黶封為「公族大夫」，充分安撫了欒書，給足其正卿的顏面。但未過數月，就以尊而敬之的手法，令欒書退職，且未讓與之親近並已升至中軍副將的荀偃按常規輪序接班，而授命一向事君謙謹的韓厥為中軍主將，出任正卿。又借魏相的故世，將年僅二十多歲但「能恤大事」的「趙氏孤兒」趙武提拔為新軍副將。

這樣，悼公迅速扭轉了權臣獨攬朝綱的情勢，建構起國君與臣僚的尊卑關係，也盡量平衡了卿族利益。很快就使「六官之長」皆有「民譽」，得到大眾稱道，確保了「舉不失職，官不易方，爵不逾德」，就是被薦者不失職，在位者不違規，享爵者量以德。軍中則做到「師不陵正，旅不逼師」，下無犯上，服從指揮。因此「民無謗言，所以復霸也」。

二　以武懾威、以文布德的興國奮進

悼公登基未久，西元前五七三年「夏六月」，楚國、鄭國大舉「伐宋」，奪取要地彭城，即今江蘇徐州，安插宋國對立派大夫占領，留戰車三百乘戍守保護後退兵。不久宋國發動反攻，「冬十一月」，楚國為「救彭城」又來「伐宋」，宋遂「如晉告急」。正卿韓厥進言「欲求得人，必先勤之」，即要獲他國擁戴，必先付出艱辛，欲「成霸安強」，「自宋始矣」，就要從救宋起步。悼公認可，親自統率大軍出發，在彭城附近的「靡角之谷」與楚軍遭遇。

看到楚軍來勢洶洶，晉軍中有人怯戰了。這時，從楚國投誠的大夫雍子建議號令軍中「歸老幼，反孤疾，二人役，歸一人」，就是將年老及年幼的、獨子、病號一律放回，一家兩人參戰者，放回一人。然後，大張旗鼓地「簡兵搜乘，秣馬蓐食，師陳焚次」，也即精編兵士，檢閱戰車，人馬飽餐，列好軍陣，燒掉營帳，擺出決一死戰的架勢。並有意放走「楚囚」，楚軍得悉報告，反而恐懼起來，竟嚇得連夜「宵潰」逃去，晉國不戰而勝。鑑於這次「彭城之役」，雍子立了大功，加上「鄢陵之戰」助晉獲勝的苗賁皇也是楚人，故謂之「雖楚有材，晉實用之」，留下了「楚材晉用」這個成語。

隨後，悼公與宋、衛、魯、齊諸國會於「虛朾」，謀劃繼續「救宋」。西元前五七二年春，晉軍與諸國聯軍相約合圍彭城，彭城不敵，最終「降晉」，對立派大夫五人被俘。可是，國力雖衰，但對晉國總是若即若離、口服心不服的齊國，卻爽約未予出兵，晉軍轉而前去討伐，齊國抵擋不住，只好以太子為人質，罷兵請和。「夏五月」，悼公親臨位於今山東滕州的齊國「戚」地坐鎮，由韓厥再率「諸侯之師」，乘勝攻擊附楚的鄭國，大敗其步軍於鄢陵附近的洧水之濱，又一直打到了楚國的「焦、夷」二地和陳國。

次年，鄭成公病危，有大夫主張鄭國應「請息肩於晉」，停止貢奉楚國而轉投晉國，以減點負擔。但成公聲言「楚君以鄭故」，為了鄭國「親集矢於其目」，楚共王眼睛都被晉軍射中，如果失義「背之」，「其誰昵我？」，還有誰敢親近我呢？我死了，「唯二三子」你們看著辦吧！成公故世後，「諸大夫欲從晉」，仍被「為政」的大夫以成公遺命而拒絕。

這時，西元前五八八年從楚國釋放的「邲之戰」戰俘荀罃，已成為上軍主將。悼公遂派其前往「戚」地，與宋、衛、曹諸國商討「謀鄭」策略。有人建議，可在鄭國邊界的要隘「虎牢」據關築城，就近扼其咽喉，用以「逼鄭」。不到一年關城建成，在今河南滎陽汜水鎮一帶，由荀罃掌管，並令「大國抽兵千人，小國五百三百」，常年駐軍鎮守，「鄭人」無法對付家門口的威脅，又難以擺脫，只好投降歸順。在《三國演義》中，更以虎牢關為背景，編排出一段劉備、關羽、張飛「三英戰呂布」的生動故事，讓幾位知名漢子在這裡狠狠地廝殺了近百個回合。

不過，悼公在以武威懾的同時，也同樣注重以文布德，透過雙向的手法振興國勢。為此，他特別委任張孟為巡迴使節，遍訪各國，以「延君譽於四方，且觀道逆者」，即四處宣揚晉君的聖明，觀察各國主政者的言行優劣，以期心中有數，妥善應對。進而，盡量示之以禮，懷之以柔，著意消弭往昔的好戰名聲，力求與勁敵楚國的慣常做法拉開距離、形成對比，樹立寬容仁厚、通情達理、崇尚和衷共濟的英主形象，很快獲得眾多諸侯的尊崇和仰慕。以致魯國襄公來拜見時，竟要行叩頭大禮，驚得陪同的荀罃趕緊阻攔道，有周「天子在而君辱稽首」，我國「寡君懼矣」，太不敢了！襄公隨從大夫郤回答，「敝邑」地處「東表」，緊臨「仇讎」楚國，我國「寡君將君是望」，切盼貴國的支持援助，「敢不稽首」嗎？

悼公繼位之前，長江下游的吳國已漸漸崛起。國主壽夢開始稱王，而且多次攻擊楚國，彼此的衝突不斷加劇。晉國遂「欲修吳好」，聯吳制楚。所以，經過一番外交運作後，西元前五七〇年由悼公主持，召集魯、宋、衛、鄭等多位國君「會盟」於「雞澤」，即今河北省雞澤縣，齊國也派太子出席，以「布命，結援，修好」，就是頒發條令、締結互助友好和約等內容，鄭重「申盟」，同誓「而還」。可是，這次「會盟」所邀的重點本是吳王壽夢，悼公還安排使臣專程到淮水邊迎接，壽夢卻因故「不至」。但後來，吳國王族大夫壽越專程到訪晉國，解釋未赴「雞澤之故」，表示「請聽諸侯之好」，願意遵從召喚，交好諸侯。於是，悼公再次召集幾位國君「會盟」於「戚」，一道與壽越晤面，同時布置兵力，戍守「叛楚」的陳國。至此，悼公籠絡了吳國，聚合了更多的小國，也更加震懾了齊國。當然，最大的收益還是進一步壓制、孤立了楚國。

三　魏絳的忠告與意義深遠的「和戎」之策

悼公時期，曾經成就過一件對後世頗有啟發意義的著名舉措，就是「和戎」。而為之提供良策並極力促進此事的首要角色，則是已因此名標青史的魏絳。

按照《史記》記載，魏絳是跟隨晉文公出奔的魏犨之孫，應是魏頡堂弟，也有一說為魏錡之弟，那就成了魏犨的小兒子。悼公登基時，魏絳獲授負責監管軍紀的中軍司馬，職位不算顯耀，但其處事公正嚴明，執法一絲不苟。

悼公「會盟」於「雞澤」時，其弟的車駕違規馳突，擾亂了行列，魏絳當即「斬其僕」，將車夫誅殺。悼公聞知大怒，稱「寡人屬諸侯」行大事，魏絳卻羞辱「寡人之弟」，「為我勿失」，快給我抓起來，別讓他跑掉。有臣下勸道，魏絳此人「有事不避難，有罪不避刑」，「其將來辭」，一定會前來稟報。話剛說完，魏絳已到，將一信函交付僕人，就要「伏劍」自盡，幸被阻攔而止。魏絳信中表示，「臣聞師眾以順為武」，即軍隊服從指揮方可威武，「軍事有死無犯為敬」，在軍中做事寧死不犯軍法方顯莊敬，在「君合諸侯」之時，「臣敢不敬」嗎？敢不忠於職守、照章辦事嗎？但卻使「君不悅」，故願「請死」以求贖罪。悼公讀過信後頓悔，急忙「跣而出」，光著腳丫就跑出來制止道，「寡人之言」是表達「兄弟之禮也」，而「子之誅」是更大「軍旅之事也」，「有弟弗能教訓」，使其干擾「大命」，「寡人之過也」。不僅立刻賠禮道歉，回國後又特意「與之禮食」，在太廟設宴款待。不久魏頡故世，趙武升任新軍主將，悼公隨之提拔魏絳為新軍副將，進入「卿」的行列。此後，悼公對魏絳非常信任，魏絳也為悼公的大業成功做出了不少貢獻。

西元前五六九年，居於今山西、河北北部的戎人「無終」國，有感於悼公聲譽和晉國的強勢，特派使臣敬獻「虎豹之皮」，代表「諸戎」請和。悼公認為「戎狄無親」而貪婪，「不如伐之」，所以計劃拒絕。魏絳連忙諫阻道，中原「諸侯新服」，陳國歸降「來和」不久，皆在觀望「於我」啊！我國有德「則睦」，否則定懷貳心，況出兵「於戎」，楚國必乘機「伐陳」，我「必弗能救」，不是「棄陳」嗎？如此，中原列國「必叛」，「獲戎」而失中原，恐怕不妥。接著魏絳又引古代掌管山澤、田獵之官「虞人」所作〈虞箴〉中的語句說道，「芒芒禹跡」，蒼莽的夏禹時期，將地分「九州」、路開「九道」，使「民有寢廟」可居，「獸有茂草」可食，「各有攸處」、相互「不擾」，及至后羿為帝，貪殺禽獸、「忘其國恤」，故「不恢於夏家」，未能光大，反而敗壞了夏禹基業。最後魏絳斷言，「武不可重」，即兵應盡量少用，而且也借題發揮，旁敲側擊，委婉勸誡了有點過度喜歡狩獵的悼公。

然而，悼公仍有些猶豫，魏絳遂以「和戎有五利」詳細地分析局勢。即「戎狄薦居」，逐水草游牧，「貴貨」而輕土地，土地可用物收買，此「一也」；「邊鄙」和平後，「其野」無兵禍，民眾就能安於農耕，此「二也」；「戎狄」侍奉晉國必致「四鄰振動」，「威懷」諸侯，此「三也」；「以德」綏靖敵手，軍旅可以「不勤」，「甲兵」可以無損，此「四也」；「鑑於后羿」的教訓，唯多用「德度」，方可「遠至邇安」，使遠國來投、近國安心臣服，此「五也」。於是，睿智的悼公頓時醒悟，欣然採納，即令魏絳為使節，對「諸戎」一一結盟，予以招撫。

魏絳「和戎」，有效促成晉國與「戎狄」之間多年的融洽相處，排除了不必要的戰事干擾，保障了力量的集中使用。同時，也是漢民族對華夏少數民族的態度走向尊重的一個里程碑式的象徵，為中國多民族的和衷共濟、融洽相處，開啟了楷模性的先河，成為曾經影響與昭告過無數執政賢達的一段意義深遠的佳話。

而悼公本人，也從魏絳的委婉勸誡中聽出弦外之音，故更加注意「修民事，田以時」，重視民間疾苦，認真遵從節令、適時狩獵，且越發勤於政務，努力振軍經武，進一步彌縫靈公以來的諸多矛盾隔閡，化解卿大夫之間彼此的積怨與猜忌，營造了同心同德、團結禮讓的官場氛圍。沒幾年，國勢就越加穩固，呈現出「四軍無闕，八卿和睦」的美好局面。在外交上，則盡其所能禮遇各國君主，重新商定「朝聘之數」，即合理確定列國繳納的財貨數量，彰顯氣度豁達的盟主風範。悼公所獲好評不脛而走，諸侯歸心者大增，晉國贏得了文公以來最為風光的國家聲譽。

四　絕妙的「三駕疲楚」與惠民舉措的再推進

春秋諸強國中，齊國從桓公之後、秦國從穆公之後，均威風不再，陷入頹勢。真正在中原地區反覆爭鬥近百年的，主要是晉、楚兩國。衝突的核心，就是奪取眾多諸侯小國的控制權。而恰居中原之中的鄭國，地理條件優越，商貿交通發達，物產豐饒，百業興盛，有「中國之樞」之稱，故「自來圖霸，必服鄭國」。且其正好北臨晉土、南接楚地，因而今天楚國來攻，明天晉國來伐，「城濮之戰」後，鄭國幾乎年年挨打，兵連禍結，處境最為尷尬。

西元前五六五年，晉國在「虎牢」駐軍，掌控鄭國數年後，楚國又經幾次征討，降服了陳國，後又避過「虎牢」、沿潁水而上「伐鄭」。為此，該重新「從楚」還是繼續「待晉」，鄭國大夫無所適從，莫衷一是。有的主張楚國大軍壓境情勢急迫，不如「從楚」以「紓吾民」，解除百姓危難。有人卻認為已與晉國「五會」，並簽有多個盟約，若「今將背之」，小國這般「無信」，會「兵亂日至」，處境可能越糟，且「晉君方明」、德正智高，晉國軍力充實，將帥諧和，應該「待晉」。但爭吵一番後，執政大夫還是決定「從楚」，並表示「非也，受其咎」，若錯了，我自己承擔一切罪責。

另外，鄭國又採取兩面手法，專程派人到晉國解釋，稱楚國大兵「焚我郊保」、「陵我城郭」，「夫婦男女」均無暇自顧，「不知所庇」，「民死亡者，非其父兄即其子弟」，困頓無奈，只好「受盟於楚」，但對晉國也「不敢不告」。對此，負責接待的荀罃不免惱火，就請下屬傳話道，你們「即安於楚」，誰還敢反對呢？只是，敝國「寡君將帥諸侯以見於城下」，一起拜見貴國君主，「唯君圖之」，請您想一想吧！貌似客氣的言辭中，卻洋溢著威脅的殺氣，自然令鄭國左右搖擺、非常難堪，故只好遵循「小國之道」，「敬共幣帛」，「待於二競」，將錢財準備齊全，兩國誰勝就給誰，「以待強者而庇民」，唯求百姓平安而已。所以，第二年晉國率諸侯之師「伐鄭」時，鄭國又立刻轉向歸順。結果，楚來降楚，晉來降晉，翻來覆去，始終也未能有個了結。

此時，晉國中軍主將、正卿韓厥已告老退位，由荀罃接任，前正卿士會之孫士匄出任中軍副將。為解開這個死結，曾當過九年「楚囚」而對其知之頗深的荀罃終於想出一個「三分四軍」以「疲楚」的絕妙招數。就是將晉國「四軍」分編為三部，再加上部分諸侯之師，彷彿三駕戰車，以鄭國為主要標的，先出動「一駕」進攻，誘楚軍趕來迎擊，卻不與交鋒，盡快撤走，退至「虎牢」；不久再出動第「二駕」進攻，楚軍趕來後，依舊掉頭而去。這樣，晉軍路近，楚軍道遠；晉軍進退快捷便利，楚軍來去緩慢苦累；晉軍用兵很少，卻騙得楚國大軍出戰，又總是「求戰不得」，欲「求息又不得」。於是，晉軍無須一人「暴骨」於野，楚軍則屢遭往復「之苦」，而始終蒙在鼓裡，不知是計，被荀罃的謀略拖得疲於奔命，忙亂不堪，無端耗費大量的人力物力。

這樣，到晉國「三駕」出動時，楚國已「不能與爭」，完全喪失戰略主動權。

與此同時，悼公再次聽取魏絳建議，在國內實施休養生息政策，進一步推進惠民舉措。一方面，大行「施捨」，要求「自公以下苟有積者盡出之」，任何人的積蓄都得全部拿出，「以貸」於百姓，不能有「滯積」，不能有生活艱難的「困人」。一方面，不予「禁利」，允許公平合理求財，但不允許「貪民」妄為；且要求厲行節約，富家祭祀也只准用財幣，不准用三牲；接待貴賓只能殺一牲，不得隨意添置「器用」，不得貯有多餘「車服」，顯然有約束士大夫豪奢生活的目的，並完備了關於官府、民居、市場、作坊等各種規制。「行之」一年後，「國乃有節」，一切都有了法度，社會更趨和諧。

而且，就連楚國的某些有識之士，也都對悼公深深感到欽佩與敬畏。西元前五六四年，晉國發生饑荒。穆公之後一直居於下風的秦國，就乘機「乞師」楚國，想借兵「伐晉」。楚共王答應，共王之弟令尹子囊卻力表反對，稱悼公「類能而使之」，善於量才用人，「舉不失選，官不易方」，提拔準確，安排恰當，故「其卿讓於善，其大夫不失守，其士競於教，其庶人力於農穡，商工皁隸，不知遷業」，就是說卿大夫均可互讓於善任者，又不失自己職守；士人盡責教化；庶民盡力農事；經商務工者，以至賤役奴僕，都能安於本業。又強調說明，晉國「君明，臣忠」，上知「讓」、下知「競」，所以「當是時也，晉不可敵」，「事之而後可」，恭奉請和才是最佳選擇。

令尹子囊是輔佐共王的楚國首席執政官，居然準備認輸，足以說明晉國此時已使對手非常驚懼，難與之爭鋒。然而，共王依然表示「雖不及晉，必將出師」，還是決心與晉國周旋到底。於是，楚國發兵「以為秦援」，助「秦人侵晉」，晉國一度受挫，但不久荀罃就率軍反攻，給秦國報復性的警告打擊。

五　偪陽的惡戰與孔子之父的「有力如虎」

西元前五六三年，悼公統率大軍，邀約魯、宋、衛、曹等國君主以及齊國太子，與吳國君主壽夢會於「柤」，在今江蘇邳州市，以恫嚇鄭國，示威楚國。「柤」距宋國彭城不遠，彭城以北今山東棗莊一帶，有個小小的偪陽國。中軍副將士匄與荀罃堂侄、上軍主將荀偃，就請示順手拿下此國，作為封地送給一直親近晉國的宋國執政大夫向戌。荀罃反對，認為偪陽「城小而固」，「勝之不武，弗勝為笑」，勝了有損武德，否則徒留笑柄。後經兩人「固請」，荀罃始同意出戰。誰知，卻遭到偪陽守軍的頑強抵抗，「諸侯之師」輪番攻擊，卻總難突破城池。

此時，魯國將領秦堇父押著輜重車輛趕到戰場，偪陽守軍打開城門，意欲奪取之，這邊的將士卻乘機湧入，偪陽守軍突然落下閘門，企圖圍殲。岌岌可危之際，魯國大力士郰梁紇拚命將門撬起，苦苦支撐，才使將士退出。激戰中，魯國另一位將領狄虒彌，竟將車輪豎立，蒙以皮甲，一手舉起，一手操戟，帶兵直接衝殺。繼而，偪陽守軍在城頭懸下長布引誘，秦堇父抓起就往上攀，快到城垛時，長布忽然被砍斷，秦堇父墜落地面，偪陽守軍又懸下長布，秦堇父抓起又上，再被摔下以致昏倒，甦醒後仍然冒死上攀。如此三次，偪陽守軍非常佩服，不再懸布，雙方暫時休兵。秦堇父則帶著幾截斷布，奔走於各國軍營展示，風風光光地炫耀了三天。

有鑑於此，魯國大夫孟獻子取《詩經．簡兮》中語「有力如虎」盛讚三位勇將，故此三人也被譽稱「魯國三虎將」。其中最有力者郰梁紇，意即郰人名紇者，郰為魯國地名，紇實為子姓孔氏，字叔梁，故史書多稱其為叔梁紇，曾任郰邑大夫，是位文武雙全、魁梧強健的人物。出戰偪陽時，叔梁紇已年近六旬，可近古稀之年，又娶一名顏氏女子「野合」得子，不久叔梁紇即故世。而其子，就是中國歷史上偉大的思想家、儒家文化的肇基巨匠、至聖先師孔子。

接著「諸侯之師」繼續攻城，但血戰二十多天依舊無果，眼看雨季將至，士匄、荀偃請求「班師」。荀罃頓時震怒，拿起弩機就砸了過來，厲聲大吼「成二事而後告余」，即事情辦成了再來告我！又痛斥道：當初我只是不想使軍中「亂命」，導致將帥分歧，所以聽從你們，如今卻牽著我到如此地步，「勤君而興諸侯」，勞累了君王、麻煩了諸侯，責任誰負？「七日不克，必爾乎取之」，一定要你們的腦袋！士匄、荀偃怕了，急忙再度發動猛攻，兩人「親受矢石」，冒死惡戰四天，偪陽城中弩箭、滾木、礌石等全部耗盡，終於被滅，國主也當了俘虜，這場惡戰始告終止。隨後，悼公將偪陽贈與向戌，向戌堅決不受，於是奉送宋國。宋國平公安排了盛大的歌舞宴會，予以隆重答謝。

滅掉偪陽，等於打通了連結晉、吳兩國的孔道，進一步拉近了吳國，穩固了宋國。「諸侯之師」又加築「虎牢」關城「而戍」，晉國在位於今江蘇徐州西部一帶的「梧」、「制」兩地，新建城郭「戍之」，使楚國更加首施兩端，左支右絀，無可奈何。游移於晉、楚之間的鄭國，看到「楚弱於晉」且「晉能驟來，楚將不能」，很擔憂「不從晉，國幾亡」，想永遠「固與晉」，與晉國長久結盟。為此，鄭國多次故意刺激楚國惹事，招引晉軍攻打，耗損楚國的不少實力。

西元前五六二年，有些惱火但已力不從心的楚國，只好「乞旅」秦國，借兵「伐鄭」，鄭國依其策略，立刻開門迎降，以促晉軍前來。是年九月，悼公召集十二國「諸侯之師」趕到，耀武揚威「觀兵」於「鄭東門」外。鄭國有了說辭，遂派出使臣前往楚國通報，聲稱「君若能以玉帛」綏定晉國，或者以「武震」而「攝威之」則最好，不然我國為了「社稷」安全，將「服於晉」，再「不能懷君」、奉事貴國了，對不起啦！楚國雖氣急，卻也無計可施，更無力發兵繼續抗衡晉國，只好不顧外交禮節扣押使臣，徒洩一番憤恨而已。

就這樣，鄭國與楚國全然決裂。是年九月末，晉國派趙武為代表，先行入城與鄭國簡公盟誓，不日鄭國重臣子展再出城與悼公盟誓。十二月初，多國諸侯又與鄭國共同「會盟」於「蕭魚」，在今河南許昌。悼公下令：赦免鄭國戰俘，一律恩准還鄉，「禮而歸之」，「虎牢」之兵「盡行撤去」，交歸鄭國「自為守望」，從此「諸軍不得犯鄭國分毫」。所以，簡公極為感激，奉贈悼公「甲兵」齊備的豪華車駕「廣車」、「屯車」各十五乘以及「兵車百乘」，還有師悝、師觸、師蠲三位著名樂師率領的「女樂二八」，即「二佾」十六人，「歌鐘二肆」，即編鐘兩套三十二件與所匹配的編磬等。其後，鄭國一直追隨晉國五十多年。

晉軍凱旋歸國，論功行賞，皆大歡喜。而悼公卻將最重賞賜「女樂一八，歌鐘一肆」賜予僅為新軍副將的魏絳。並說「子教寡人和諸戎狄，以正諸華」，使寡人「八年之中，九合諸侯」，真「如樂之和，無所不諧」，像音樂一樣諧和啊！故「請與子樂之」，拿回去享樂吧！魏絳慌忙辭謝道，此皆「君之靈」，「二三子」共同「之勞也」，「臣何力之有？」悼公不准，魏絳「三讓乃受之」，其府上才有了「金石之樂」。

六　「八年之中，九合諸侯」而實現的霸業復興

「八年之中，九合諸侯」是悼公對魏絳的誇獎，也不免有臨場表達的過譽成分。然而這一切目標的達成，肯定屬於晉國高層的集體功勛，也正因為如此，悼公終於成為雄姿英發、無可

爭議的諸侯盟主，實現了晉國的霸業復興，使晉國再次登上時代舞臺的巔峰。

西元前五六〇年，正卿荀罃故世。悼公乃在都城附近，位於今山西翼城的「綿上」檢閱軍隊，調整將帥，舉行「大搜」之禮。按照正常輪序，應任命中軍副將士匄繼為正卿，但士匄辭讓，認為上軍主將荀偃更有才能。荀偃在欒書執政後期已是中軍副將，由於支持欒書謀殺厲公，故悼公繼位時，將其壓下而改用韓厥。或許經過多年考驗，悼公已對荀偃有了充分了解，所以同意士匄建議，令其「將中軍」出任正卿，士匄仍為副將「佐之」。悼公又命韓厥之子韓起「將上軍」，但韓起欲讓位於趙武。悼公又詢問欒書之子欒黶，欒黶也表示「臣不如韓起」，既然「韓起願上趙武，君其聽之」。於是，悼公決定讓趙武「將上軍」，韓起「佐之」，欒黶「將下軍」，魏絳「佐之」。新軍無合適將佐，暫由多位軍官統領，附屬於下軍。

士匄的帶頭謙讓，形成很好的表率，因而使得「其下皆讓」，就是「汰虐已甚」，常不免有些盛氣凌人的欒黶，悼公有意詢問時，他也照樣「弗敢違也」。核心人物前所未有的高節清風，有效推動了官場精神面貌的改觀，引領社會時俗的良性循環，也締造了晉國「大和」的景象，且使「諸侯遂睦」，促進了各國的睦鄰共處。

為此，《左傳》中借「君子」之口感嘆，「讓，禮之主也」，欲使晉國平安「數世賴之」，皆須依靠此啊！又借題發揮道：所謂「世之治也」，就是君子做到「尚能而讓其下」，尊尚賢能、禮待下層，小人做到「農力以事其上」，盡心耕作、侍奉主上，「上下有禮」而「不爭」，謂之「懿德」；若「其亂也」，則君子「稱其功以加小人」，誇飾功勛、欺凌小人，小人「伐其技以馮君子」，炫耀技巧、侮慢君子，「上下無禮」而「爭」，定然「亂虐並生」，謂之「昏德」；「國家之敝，恆必由之」，國家倒楣的禍根永遠在此啊！這些論述，無疑屬於非常值得後世引以為訓的真知灼見。

當然，如果沒有悼公自身的美德為楷模，怎能激起眾臣僚的正氣高揚？沒有悼公的德治方略為感召，怎能鞭策卿大夫克己復禮、公忠體國？沒有悼公對這艘艨艟巨艦的精明掌舵、穩健引領，晉國又怎能在十多年風雨莫測的有限航程中鋪開一路的燦爛，爭得足以笑傲青史的榮譽和絢麗的桂冠呢？

宋代理學大師朱熹曾這樣盛讚悼公，稱其「才大段高」、「有操有縱」，晉國「恰如久雨積陰」，「及悼公歸來」，「忽遇天晴」，「赫然為之一新」。其間，晉國沒有發生過一次內訌，沒有誅殺過一位重臣，沒有翦滅過一個家族。憑藉悼公得心應手的駕馭，晉國彼此之間虎視眈眈的卿大夫始終保持循規蹈矩，相安無事，一心一德，空前團結。對於列國，悼公則堅持「秉直道以率諸侯」，力避濫用武力，盡量透過和平方式協商會談，緩解衝突，建立合乎禮制的相互關係。

所以，論才德、論智謀、論治國、論用人，悼公並不遜於晉文公。如果說，年事已高的文公「一戰而霸」，締造了晉國的輝煌；那麼，漸入盛年的悼公，就是從容不迫地再造了晉國的斑斕，完成了霸業復興。因此，後世有些學者，如清代全祖望等所認定的春秋「五霸」中，悼公就赫然在列，應該說也是當之無愧的。

第十篇

雄蹤餘影・樂聖流芳

悼公「復霸」，是晉國歷史長河中最後一道耀眼的彩虹。可惜的是，正值大業如日中天、前路一片光明、更高豐碑在望之際，突如其來的病魔卻無情地奪走了這位政治天驕的生命。西元前五五八年末，在位十五年、年僅二十九歲的悼公倏爾辭世，一曲華彩流溢的英雄交響曲戛然而止，晉國也從此逐漸走向低潮、走進尾聲。

一　晉平公登基後的揚威中原與「伐楚」告捷

西元前五五七年初，悼公之子晉平公繼位，隨即重新安排一些官爵，將自己的老師叔向封為太傅，又將年逾花甲的祁奚、士匄之子士鞅、欒黶之子欒盈、韓厥之孫韓襄封為「公族大夫」。

叔向本名羊舌肸，與祁奚均出自姬姓。叔向先祖為晉靖侯之後，受封羊舌，遂以「羊舌」為氏；羊舌肸，字叔向，是祁奚任中軍尉時副手羊舌職次子，故史書多以叔向稱之。祁奚也是以封地「祁」為氏，而其最為著名的，就是那段「舉賢」的逸事。

據《左傳》記載，在悼公時期的西元前五七〇年，祁奚「請老」歸休，悼公問誰能接任中軍尉，祁奚稱其仇家解狐可以，但不久解狐猝逝；悼公又問之，祁奚稱其子祁午可以；後羊舌職也逝，悼公再問誰「可以代之」，祁奚稱羊舌職之子，即叔向之兄羊舌赤可以；悼公就令祁午為中軍尉，羊舌赤「佐之」。因此，有人讚揚祁奚「稱其仇，不為諂；立其子，不為比」，是論賢不論仇親的「能舉善」者。後叔向又以「外舉不棄仇，內舉不失親」著稱，從此這十個字不斷流傳，祁奚也被後世奉為大公無私的楷模。

然而，祁奚與解狐有多少仇恨不詳，所舉就職的兩人卻是其親子與部屬之子。所以，被後人津津樂道的高尚行為就應大打折扣，大公無私的成分難免有所誇張。事實上，祁奚、叔向雖算睿智，子孫卻大多乏善可陳，甚至屢有劣跡，幾十年後，即導致這兩大家族的徹底覆滅。

平公登基不久，為了展示盟主威勢，揚威於諸侯，即與正卿荀偃一道，統率大軍，沿黃河東下，召集多國「會盟」於「湨梁」，在今河南濟源，只有與晉國貌合神離的齊國靈公藉故不到，僅派大夫高厚參加。會上，平公「命歸侵田」，命令諸侯退還相互奪占的土地。為殺雞儆猴，還將和楚國、齊國通使過多的邾、莒兩個小國的國主拘押警告。繼而，平公與諸侯聚宴於「溫」，席間平公邀「諸大夫舞」，請「歌詩必類」，唱詩要與歌舞契合。高厚卻故作「不類」。荀偃大怒，認為「諸侯有異志矣」，要強使高厚與眾大夫盟誓表態，高厚隨之「逃歸」，其他大夫只得一齊保證「同討不庭」，願意共同出兵打擊不服從盟主者。又因許國內鬥，故許靈公提出請求遷都，平公與諸侯同意，卻遭到許國大夫的強烈反抗。

於是，平公讓諸侯先行返國，自己帶領晉軍進攻許國，逼近到其都城附近的「函氏」，在今河南葉縣。平公下令安營紮寨、長期施壓，同時派荀偃、欒黶率中軍、下軍，乘勢南下「伐楚」。楚國公子領兵抵禦，雙方決戰於「湛阪」，在今河南平頂山一帶。最終楚軍潰敗，晉軍一路追逐，越過位於今河南與湖北交界的桐柏山楚國長城，連破數城，然後耀武揚威、告捷離去。晉軍轉而繼續「伐許」，大功告成。平公首次亮相即頻獲佳績，震驚列國，因此君臣皆悅，勝利回歸。

晉、楚這場戰鬥史稱「湛阪之戰」，規模不大，意義卻非同小可。「城濮之戰」過去了七十四年，此次是晉國第一次非對抗性的主動「伐楚」，且攻入其本土，戰略優勢已十分明顯。只是，勞師襲遠並非長策，徹底滅楚更無可能；而楚國也已精疲力盡，再沒有雄心壯志覬覦北方，染指中原。同時，長年不斷的兵連禍結、慘絕人寰的社會苦難，也促進各方的換位思考，為隨後發起的大規模止兵談判，提供了前期鋪墊。所以，「湛阪之戰」就成為晉、楚爭霸以來的最後一次大戰，也是具有轉折意義的一戰。

這時的齊國與晉國依然若即若離，還常常威脅與晉國交好的鄰國，尤其是不斷打擊魯國。因此，擔驚受怕的魯國，專門派使臣到晉國求助，說齊國「朝夕釋憾於敝邑之地」，即早晚都在我們的國土發洩怨憤，「是以大請」，所以特來拜請，又聲稱「敝邑之急，朝不及夕」，民眾「引領西望」，急切等待救援，否則「恐無及也」，就趕不上了。焦灼之情溢於言表，以致負責接見的荀偃都有些不好意思，連連表示「使魯及此」，「偃知罪矣」。士匄也慨言，「匄在此，敢使魯無鳩乎？」，有我們在，能讓貴國不得安寧嗎？魯國使臣才放心而回。

二　凶猛的攻齊激戰與主帥荀偃的「應驗」之死

西元前五五六年欒黶故世，魏絳升任下軍主將，欒盈接任下軍副將。次年，齊國又來侵犯魯國北疆，平公遂通告諸侯，決定親自出征，攜手主帥荀偃，統領大軍「伐齊」，一場大規模的激戰正式啟動。

西元前五五五年「冬十月」，平公與多國諸侯會於魯國濟水，重誓「溴梁」之盟，然後直驅齊國。齊靈公聞訊，屯軍「平陰」抵禦，平陰在今山東濟南市西南。晉軍與諸侯聯軍，攻勢非常凶猛，很快就突破城壕，「齊人多死」，蒙受重創。士匄又有意放出消息，稱魯國、莒國將各備戰車「千乘」，從東西兩面共同夾擊，齊靈公得知後非常擔憂，就登山遠望。而晉軍早已布好疑陣，凡「山澤」險要處，乃至人跡罕至之地，都「虛張旗幟」、插遍旗子，又將戰車「左實右偽」，即左邊坐著真人，右邊「束草」、裝上假人，跟著引旗「曳柴而從之」，拖掛木柴不斷奔跑。靈公「畏其眾也」，越看彷彿人馬越多，就率先離軍「脫歸」，其部屬也均「夜遁」逃走。

聯軍攻克平陰後，繼續追逐「齊師」。齊國內臣夙沙衛準備用大車堵塞山路、殿後掩護，勇士殖綽、郭最看到後說，「子殿國師」，你為大軍殿後，「齊之辱也」，難道我國沒人了嗎？要求自己殿後，夙沙衛「殺馬於隘」，阻路而去。不久晉國勇士州綽駕車衝來，射中殖綽肩膀，又用兩箭夾住其脖頸，大吼道：「站住別動，你還可被俘，要敢跑，我就一箭穿心。」殖綽害怕了，請求「私誓」，保證不殺自己。州綽說「有如日」，讓太陽為證。殖綽、郭最便放棄反抗，被晉軍用弓弦捆住雙手，押上了戰車。

繼而，晉國三路推進，中軍攻克「京茲」，下軍攻克「邿」，唯上軍攻「圍盧」未勝。十二月初，晉軍打到齊國國都臨淄城下，砍掉都城「雍門」外的樹木，燒掉「申門」池邊的竹林，又燒毀「雍門」和西、南邊兩處外城；隔幾日，再燒毀東、北邊的外城，其「揚門」、「東閭門」也遭圍攻，衝進去的戰車擠得無法迴旋，停滯不前，時間拖到連城門上銅釘都能數清楚了。城中「百姓慌亂」，膽小的靈公準備駕車逃走，太子等人「扣馬」阻攔，稱聯軍「師速而疾」，不少軍人已開始搶掠，故「將退矣」，有「何懼焉」？國君是「社稷之主」，豈可輕易「失眾」、貿然離開？靈公不聽，氣得太子一刀砍斷馬韁，靈公「乃止」。而「東至膠，南至沂」，齊國諸城多半仍在固守。

臨淄堅持數天後，果然出現轉機。鄭國有人趁鄭簡公隨晉軍作戰之際，企圖除掉執政「諸大夫」而「叛晉」，派使者到楚國求兵。楚國康王的叔父、當權司馬子庚「弗許」，但康王認為

「不穀即位於今五年」，軍旅一直「不出」，有愧「先君之業」，請子庚「圖之」。子庚不能違命，只好再見使者，「稽首而對」回答，如今「諸侯方睦於晉」，正與晉國親密，「臣請嘗之」，我只可試試了。「若可」小勝，我國君將「繼之」而來，「不可」即「收師而退」，則楚國「可以無害」，國君「亦無辱」，也不丟面子，乃出兵「伐鄭」。

面對如此情勢，荀偃提出「雖不曾破齊」，但「齊侯已喪膽」、「不敢復犯魯國矣」，主張回軍「救鄭」，平公遂下令解圍，移兵鄭國。誰料「楚師」進入鄭國後，仗還沒打幾天，就在渡湍水時遭遇大風雨，士兵多被嚴寒凍傷，「役徒幾盡」，隨軍的勞役幾乎死光。故晉軍尚未到達，楚軍即已崩潰而去。

西元前五五四年春，平公與諸侯「會盟」於「督揚」祝捷，在今山東省濟南市西南，共誓「大毋侵小」，大國不得再侵犯小國，隨後平公先行歸國。其後，魯國襄公盛宴款待晉國諸將，均贈以華貴的「三命之服」，其他「軍尉、司馬」等官佐「皆受一命之服」；另贈荀偃錦緞、玉璧、良馬，並特贈其吳國所送魯國的「壽夢之鼎」一尊。

可是，就在班師途中，荀偃頭部生了惡瘡，眼球鼓脹突出，數天後逝世。據稱，荀偃出征前，曾夢見與死去的晉厲公「爭訟」於陰間，被閻王判定勝訴的厲公，對他「以戈擊之」，致使頭顱掉落，自己趕緊「跪而戴之」，歪著安放在脖頸，捧著就跑，碰到認識的巫師，才將其頭顱「代為正之」，頓時「痛極而醒」。荀偃在西元前五七二年曾參與謀殺厲公，這樣的夢顯然屬於晚年自我恐懼或懺悔心理的展現。

幾天後，荀偃遇見這位巫師，巫師稱自己也有同樣的夢，並預言此夢主您「必死」，但「若有事於東方」，可如願「以逞」。荀偃表示「能克齊，雖死可矣」。數日後大軍啟程，過黃河時，荀偃用「朱絲」繫上玉石兩雙，虔誠禱告，祈望此行「有功」、莫令「神羞」，聲言「臣偃無敢復濟」，我再也不重渡黃河了，將玉石投入水中，決斷而去。所以，荀偃的死亡被認為是「應驗」了之前所夢，與巫師的預言。據載，荀偃臨死前眼睛大睜、嘴卻緊咬，無法按禮含入玉石。士匄為其盥洗，不斷「撫之」眼睛，仍始終不閉。直到欒盈安慰「主苟終，所不嗣事於齊者有如河」，您走後，我輩如不繼續了卻齊國之事，讓河神為證！荀偃這時才瞑目「受含」，讓玉放入口中、閉上了眼睛。而被州綽俘虜的殖綽、郭最，卻趁亂逃脫、跑回齊國。

荀偃死後，士匄繼為中軍主將，出任正卿，上軍主將趙武升為中軍副將。是年，衛國也借機「伐齊」，晉國出兵相助。不久，士匄再次率軍「侵齊」，到達後恰逢齊靈公故世，認為「齊新有喪，伐之不仁」，遂依禮退兵。但齊國對晉國畏懼，主動提出講和，雙方暫時「結盟」。晉國在武城築城鎮守，駐軍監視齊國，保護魯國。

三　一場姻親之間無情相殘的流血內亂

初出茅廬的平公雖然打了些勝仗，而在主宰臣僚、掌控卿大夫方面，卻沒有悼公的超高智商和強硬手段。所以，沒過幾年，晉國一場流血的內訌就爆發了。

原來，欒黶的夫人欒祁，是士匄之女、士鞅的姐姐、欒盈的母親，欒盈就是士匄的外孫、士鞅的外甥。此前，士鞅曾與欒黶之弟欒鍼並肩參戰「伐秦」，結果欒鍼死難，士鞅生還，欒黶疑其不救，非常憎恨這個內弟，要求放逐，否則「將殺之」，士鞅被迫出亡秦國。悼公繼位後，勸欒黶「勿得修怨」，士鞅方獲准「歸晉」。因此，士氏、欒氏雖為姻親，但並不和睦，欒盈、士鞅在戰場上皆屬硬漢，彼此的矛盾卻幾近不可調和。更重要的是，欒書執政十五、六年，朝中「文武半出其門」，勢力龐大，根脈極深。而欒盈身為嫡孫，已是下軍副將，特別「好施」，且「士多歸之」，無疑是在培植黨羽。正卿士匄縱然是其外祖父，但出於家族利益考量，也「畏其多士」，且深知其居心。這樣，又怎能不想方設法對其壓制呢？

可悲的是，欒黶死後寡居的欒祁，竟與家臣州賓私通，並被其侵吞大量家產。西元前五五二年，欒盈發現此事後，母子間發生了激烈衝突。為防兒子聲討，欒祁居然搶先找到父親士匄告狀，說欒盈宣稱士氏是「死吾父而專於國」，弄死我父親才掌了大權，是因「吾父死而益富」，我父親之死才得以暴富，自己也只能

「有死而已」，所以要「為亂」復仇。欒祁又聲稱唯恐父親有險，故雖為其母「不敢不言」，弟弟士鞅也在一旁煽風點火。欒黶是否士氏害死，已無據可考，欒祁敢告黑狀卻顯示其肯定熟知雙方恩怨，也參透了父親心思，不過欒盈也未必沒有肇事的圖謀。

因此，士匄立即稟報平公，以派往「著」地監督築城為由，先將欒盈「逐之」，隨即以同謀罪名誅死十人，叔向之弟羊舌虎在列被殺，叔向與其兄被囚，經祁奚力保，始免於難。欒氏集團蒙受重創，後欒盈逃亡楚國，繼赴齊國，多名「欒氏之黨」也相繼逃到齊國，其中包括勇士州綽。州綽在齊國，與曾被其俘虜又跑掉的殖綽、郭最均獲齊莊公重用，被授予「勇爵」，而分別任命為「龍」「虎」兩班侍衛的頭領。

晉國的卿族關係，素來錯綜複雜。平公明顯傾向一方，縱容殺戮，等於摒棄了悼公施行的柔化和制衡政策，就不免埋下禍根，加劇衝突，導致更加殘酷的鬥爭。

當時，齊、晉兩國儘管「結盟」，但晉國內訌，齊國肯定高興，巴不得越亂越好。血氣方剛、驍勇強橫的欒盈，遭此醜陋之劫，心中又如何服氣、如何平靜？家族利益的岌岌可危更使其焦灼萬分，憤懣填膺。所以，一旦有機會，其勢必躍躍欲試，急於報仇雪恥。齊國心中有數，當然願意火上澆油，推波助瀾。

西元前五五〇年，晉國平公「嫁女於吳」，齊國依禮前來奉送媵妾，即陪嫁的貴族少女，卻照欒盈要求，將其與親信骨幹藏入大篷車隊祕密帶回，送至曲沃。曲沃乃欒氏封地，餘黨眾多，戍守大夫胥午與欒盈關係甚好，欒盈乘夜拜見胥午時，最初尚有猶豫，認為此舉必死。而在欒盈表示雖死「無悔也」之後，胥午很快答應配合。於是胥午先將欒盈藏起，再宴請曲沃人士，酒酣耳熱之時，突然發問，今若找到欒氏之「孺子」，各位「何如」？眾人答道，找到主人「而為之死」，雖死「猶不死也」，又為欒氏的遭遇「皆嘆」，還有低聲「泣者」。胥午遂舉爵再敬，欒盈隨之走出，對大家一一「遍拜之」。然後，眾人開始謀劃具體行動。

欒盈任下軍副將時，對主將魏絳十分友好，與魏氏過從甚密。這時，魏絳已經故世，其子魏贏早逝，其孫魏舒也不滿士氏，欒盈即派人祕密與之聯絡，約定了舉事日期。是年四月，欒盈統「曲沃之甲」，在魏舒策應下悄悄「入絳」，潛進都城，向士氏發起進攻。士匄聽說「欒氏至矣」，一時慌了手腳，不知所措。身邊有大夫當即建議，「克亂」之關鍵「在權」，您是「在位」者，「其利多矣」，且「欒氏多怨」，只要穩住平公，控制好魏氏，其他家族不會支持，「必無害也」，還有「何懼」？

士匄於是定下心來，穿起黑色喪服偽裝，又拉上兩個女子一路陪哭，坐車躲過亂兵搜查，找到平公。此刻，焦灼的平公正「欲自殺」，士匄就將平公轉移到高大牢靠的行宮「固宮」，令其子士鞅去「強取」魏舒。士鞅趕過去時，魏舒的部卒已「成列既乘」，排成軍列登上戰車，就要出發去協助欒盈了。士鞅立即對魏舒說，「欒氏帥賊以入」，我父「與二三子」均在「君所」，特派我請您！說著一步跳上魏舒的戰車，「右撫劍，左援帶」，一手仗劍，一手拽住馬轡，喝令御手出列，將魏舒單車劫持而去。士匄則恭迎魏舒於「固宮」階下，「執其手」而告將「以曲沃」封賞，用軟硬兩招迫其不再行動，保持中立。

欒盈失去幫手，銳氣大減，士鞅對外甥毫不留情，領兵攻殺，欒氏人馬開始退卻。士鞅催戰車追擊，欒盈兄弟欒樂一箭射向舅父未中，再搭箭時，戰車撞上樹根傾翻，被對方「以戟鉤之」，打斷手肘死去。欒盈聞之大哭，另一兄弟欒魴也被擊傷，欒氏大敗，欒盈帶著殘兵跑回曲沃。又過了一個多月，曲沃城破，「欒氏之族黨」皆遭誅滅，唯欒魴逃亡國外，這場親戚之間的血戰，最終塵埃落定。胥午下落不明，野史有「伏劍而死」之說。曾經顯赫無比的欒氏卿族徹底完結，從先祖胥臣以來，一直發展坎坷的胥氏也大體消逝。但究竟誰是誰非，孰良孰惡，其實也不過是五十步與百步而已，難以論斷。

四　「趙氏孤兒」趙武的經典政績「弭兵」之盟

西元前五四八年，士匄故世，趙武升任中軍主將，成為正卿。趙武相貌帥氣、氣質不俗，二十歲時「及冠」行成人禮，而後拜見諸卿族前輩，接待者心情複雜，談吐各有微妙之言，卻均不敢小視，好幾位還情不自禁發出「美哉」、「美哉」的讚嘆。

早年「孤兒」時期的沉痛經歷，似乎也使其更加磨練了心志、提升了素養，故其為人穩重，行事幹練，有遠見、識大體，才德皆屬上乘，將兵或非強項，處理國務與外交卻是高手。

趙武執政後，有鑑於士匄時期「諸侯之幣重」，各小國前來「朝聘」時被索要財貢過多，使之「不聞令德，而聞重幣」，感受不到恩德，只知重負，因此下令「薄諸侯之幣而重其禮」，大幅減輕取納貢品，更要看重禮儀。且趙武認為，「敬行其禮，道之以文辭」，透過善意手法、和緩方略以「靖諸侯」，安定天下，則「兵可以弭」，戰火就能停息。西元前五四六年，與趙武交好的宋國執政大夫向戌來訪，也提出如此建議，雙方不謀而合，「弭兵」計畫開始推動。

其實，「弭兵」此前並非沒有，可總因過程粗疏，交流草率，彼此各存戒備，虛與應對，故收效甚微。最典型的一例就是西元前五七九年，由宋國大夫華元調停，晉、楚簽約止兵，條款冠冕堂皇，均保證「無相加戎」，還誓言「有渝此盟，明神殛之」，可未及四年，「鄢陵之戰」就無情開打。所以趙武深知，只有用心誠懇、謀慮周詳、溝通充分、舉措精當，大國增強互信，小國減卻疑慮，爭取多國參與，才不致浪費精力，徒勞無功。因此，趙武就請向戌先去楚國遊說，使楚國「許之」；又去齊國，雖內部有所分歧，後也「許之」；再知會秦國，「秦亦許之」；然後遍告小國，決定「會盟」於宋國。

是年五月二十七日，為表尊重，列國未到之前，趙武即與太傅叔向提前赴宋國迎候。二十九日鄭國使臣到；六月初一宋國設宴招待趙武、叔向；初二魯、齊、陳、衛四國使臣到；初十邾國悼公到。楚國執政大臣屈建為防萬一，先赴陳國，十六日令副使前來與晉國商定條件，二十一日向戌到陳國拜見屈建。屈建提出「請晉、楚之從交相見」，即從屬晉國與從屬楚國的各國彼此會面，但趙武表示「晉、楚、齊、秦，匹也」，這四國平等，不能有辱齊、秦，列入從屬。向戌遂再到陳國轉達，屈建派驛車歸國請示，楚國康王同意將齊、秦另視。於是，七月初二向戌返回，當晚趙武與楚國副使敲定盟書細節，初四屈建到達，共十四國「皆至」會齊。各國所率軍隊一律不挖戰壕，均以藩籬相隔，紮營宋國都城西門之外，「晉、楚各處其偏」，分駐兩廂。有人稟報「楚氛甚惡」，楚國軍營情緒敵對，恐其發難。趙武回答「吾左還入於宋」，我們向左掉個頭就進城了，「若我何？」，他能把我們怎麼樣？

七月初五，各國正式聚會定盟。屈建不顧部下忠告，令楚軍均在外衣裡穿上皮甲。趙武擬予防範，叔向勸止，稱「匹夫一為不信」，猶可引禍自身，「若合諸侯」之際「不信」，其更「必不捷」，故未必真敢「稱兵以害我」，況宋國與我們交好，雖萬一也可「因宋以守」，有「何懼焉？」「歃血」盟誓時，晉、楚誰為第一，又出現分歧，晉國有人提出「晉固為諸侯盟主，未有先晉者」；楚國則聲言「晉、楚匹也，若晉常先，是楚弱也」。相持不下時，叔向再勸趙武道，「夫霸王之勢，在德不在先歃」，只要「務德」，「歃雖在後，諸侯將戴之」，否則「雖先歃，諸侯將棄之」，不必爭盟誓前後。趙武立即接受，「乃先楚人」，請屈建先喝那口血酒。因「晉有信也」，相傳為孔子所作的史書《春秋》中，依然以晉國為第一，予以記載。

此次「弭兵」之盟，趙武始終循之以禮，重之以信，以寬容態度參與商討，叔向的輔助也較出色。最終議定：尊晉、楚兩國共為盟主，附晉之國魯、衛、鄭、曹與附楚之國蔡、陳、許等，同屬晉、楚，分擔使命，「朝聘」拜見禮儀如常，但楚之屬國須拜於晉，晉之屬國亦拜於楚，所奉財貢各取其半，分送兩方；齊、秦兩國不做盟主，也不以從國視之；其他更小的邾、莒、滕、薛諸國，有力者自行「朝聘」，無力者免之。

於是，透過較為公平的條約形式，大體達成了各方利益的妥當分配。盟書製成竹簡，各國一函，餘有一函置放於所祭的「三牲」之上，填土入坑，以為永遠之紀念。此後四十多年，晉、楚再無大戰，其他小國也皆安寧，中原武裝紛爭銳減，為各國贏得了一段難得的發展時期。故有人稱頌趙武，能讓「師徒不頓」，軍旅少苦；「國家不罷」，國家減除疲累；「民無謗讟」、「諸侯無怨」，皆「子之力」，君之辛勞啊！這次行動，也確實成為趙武經典性的執政業績，並在中國歷史上留下了一段生動的外交佳話。

趙武溫和的施政惠及當時，八年之間「晉國無亂，諸侯無闕」，後世稱許良多。但或因操勞過度，其健康每況愈下，常懷身心疲憊之憂。西元前五四一年訪問鄭國，周天子景王特地派人慰問，請其休憩於洛水之濱，趙武卻流露出「朝不謀夕」的哀傷，後與秦國公子談話，又發出「朝夕不相及」的喟嘆，還有人稱其不過五十歲，卻「諄諄焉如八、九十者」，絮絮叨叨像個耄耋老人，給大家留下「不復年矣」、「弗能久矣」之感。果然，西元前五四一年十二月，趙武赴「溫」，在其曾祖趙衰封地主持廟祭，初七即猝然辭世。

趙武死後，韓厥之子韓起繼為正卿、中軍主將，趙武之子趙成升任中軍副將。而後韓起執政二十八年，是執政時間最長、且遠超他人的正卿。但也正是以此為起點，晉國歷史開始了重大轉折，過去百年雖然有起落，但仍可操持的霸業一路下滑，仍可維持的君權直線掉落，諸侯開始藐視晉國，權貴卿族日益坐大，平公實際上成為晉國尚存一點盟主威勢與一定君權的最後一位國君。

五　師曠的「五墨墨」之說與平公後期的奢淫誤國

平公在位二十六年，是獻公之後一百二十多年裡，在位時間最長的國君。此外，平公似乎很有藝術情趣，中國音樂先祖「樂聖」師曠，就與其留下了不少耐人尋味的傳說。

師曠從小就痴迷音樂，穎悟超常，但其仍恐「不專」，為了不致「多視」，使心「專意」，少時竟自以艾葉「薰瞎其目」。這樣就在冥茫之中漸漸做到「能察氣候之盈虛，明陰陽之消長」，對「天時人事」可以「審驗無差」，「風角鳥鳴」均能判斷「吉凶如見」，成為「晉國第一聰明之士」。師曠還精通琴藝，古代的經典琴曲〈陽春〉、〈白雪〉等，均有其人所作之說。

所以，師曠在悼公時，即被任命為宮廷「掌樂之官」。平公登基後，尊其為太師，經常請其奏樂欣賞，傾談聊天，師曠成為陪侍平公左右的近臣。而師曠，也常以其別樣的機敏，對平公諫言指瑕，不斷提出警戒性的忠告。

平公喜好音樂，特別是愛聽「新聲」，即流行於民間的鄉野俚俗小調，其中往往多含情色。為此，師曠直率批評，認為音樂應用以「開山川之風」，「以耀德於廣遠」，國君陶醉於低俗之樂，等同精神墮落，苗頭不祥，是「兆於衰矣」。

有一次，平公與群臣飲宴，酒酣之際便揚揚得意道，「莫樂為人君，惟其言而莫之違！」再沒有比當君王更快樂的事情了，君主說的話無人敢不聽啊！師曠侍坐在前，拿起琴就撞了過去，平公忙撩衣躲避，急問師曠你在撞誰？師曠說，我只聽到「有小人言」於君側，因此「撞之」。平公曰，「寡人也」，師曠遂故作驚訝口，「啞」，這不可能是「君人者之言」啊！平公周圍有人認為，師曠是以瞎有意凌辱國君，故「請除之」。平公自知失言，曰「釋之，以為寡人戒」！

師曠對平公最為深刻的諫言，應該就是關於「五墨墨」的精闢闡說。某次，平公取笑師曠，說師曠「生無目眹」，連個眼縫都沒有，「子之墨墨也」，真是黑暗又黑暗啊！師曠聽罷立即回答，「天下有五墨墨，而臣不得與一焉」，我一個也沒有啊！平公問「何謂也？」於是師曠一口氣說道：「群臣行賂，以采名譽，百姓侵冤，無所告訴，而君不悟，此一墨墨也；忠臣不用，用臣不忠，下才處高，不肖臨賢，而君不悟，此二墨墨也；奸臣欺詐，空虛府庫，以其少才，覆塞其惡，賢人逐，奸邪貴，而君不悟，此三墨墨也；國貧民罷，上下不和，而好財用兵，嗜欲無厭，諂諛之人，容容在旁，而君不悟，此四墨墨也；至道不明、法令不行，吏民不正、百姓不安，而君不悟，此五墨墨也。」師曠闡述的「墨墨」，無一不是數落當時國家之至黑至暗，簡直就是一針見血又入木三分，且一句一個的「君不悟」，無一不是直指時政。最後師曠提醒平公，「國有五墨墨而不危者，未之有也」，「臣之墨墨」為「小墨墨爾」，微不足道也。

這樣的故事或許是出於虛擬，但所展現的無疑是晉國社會的現實，所表達的顯然是一種借題發揮的諷諭，一種對汙濁政治的憤懣以及理想國君的期許。

平公在位後期，剛登基時的熱度已然不再，個人缺陷卻逐步顯露，最突出的問題就是越來越耽於享樂，尤其是沉迷女色。就在趙武故世的西元前五四一年，平公患病，特意「求醫於秦」，秦國派名醫「醫和視之」，前來療治。醫和看了後說，君病在「近女室，疾如蠱」，所謂「蠱」，即「淫溺惑亂之所生」，「今君不節不時」，恣意耗損自身，「能無及此？」，能不病嗎？故「疾不可為也」，這病治不了。晉國只得「厚其禮」，恭送醫和離去。

但此後平公似乎仍無節制，患病的第二年就又迎娶齊國已故靈公之女少姜，對其寵幸異常。誰知不到數月，少姜不幸身亡，野史有平公欲求過度致其死亡之說。齊國年輕新君、靈公之子景公故意投其所好，又於次年令著名外交家晏子專程赴晉國「請繼室」求親，聲稱若平公「不忘先君之好，惠顧齊國」，寡人仍有「先君之嫡」，即我的「遺姑姐妹」多人，可「備嬪嬙」供選。於是，不久後平公就迎回了另一位齊國的公族少女。

平公積習難改，侈靡日甚，流弊蔓延，財政自然吃緊，勢必加重索取，誤國累民，使晉國更快走向衰微。晏子來訪時，曾經陪宴的叔向就對其傾訴了一番對晉國世相衰落的痛切感受。叔向說：「吾公室，今亦季世也。戎馬不駕，卿無軍行，公乘無人，卒列無長。庶民罷敝，而宮室滋侈。道殣相望，而女富溢尤。民聞公命，如逃寇仇。欒、郤、胥、原、狐、續、慶、伯，降在皁隸。政在家門，民無所依，君日不悛，以樂慆憂。公室之卑，其何日之有？」意思是：我國公室如今也步入末世了。戰馬不振作，將帥不像樣，國君的車乘乏人駕馭，兵卒的整訓少人帶領。百姓疲憊，但宮廷恣意揮霍。餓死者的墳堆一路相接，寵姬家中卻富得滿盈。民眾聽到君命好似躲避仇敵，當年豪門之後，已相繼淪為奴僕衙役。政令出於巨卿，世人不知何從，國主不思悔改，只圖行樂解憂。公室落魄至此，過去何曾見過這樣的情景呢？

儘管如此，平公還是在西元前五三四年，距其辭世不到三年的時間，做了一件頗受後世譏諷的事，就是「虒祁宮」的修建。

六　勞民傷財「虒祁宮」與一段神話般的音樂傳奇

西元前五三五年，楚國建成「章華之宮」。據稱為建此宮，曾窮極「木土之技」，廣積「珍府之實」，因而非常豪華。平公為壓倒楚國，顯示富有，乃於曲沃汾水之濱啟建「虒祁宮」。「虒」是傳說中一種似虎有角的神獸，「祁」用以形容巨大、寬廣、眾多。宮殿名稱不錯，但此舉確實勞民傷財，耗資甚巨，因而引發諸多不滿。

據說，就在「虒祁宮」建築期間，魏榆（即今山西榆次地區）發現怪異的「石言」，平公忙問師曠「石何故言？」，石頭為什麼能說話呢？師曠回答「石不能言」，「或馮焉」，應是有物假託吧！接著指出，「今宮室崇侈，民力凋盡」，百姓性命「莫保」，怨謗「並作」，「石言不亦宜乎？」，不是必然的嗎？後來叔向聞知，力讚師曠所講為「君子之言」，且認為「是宮也成，諸侯必叛」，「君必有咎」，將來定將遭致報應啊！

果然，西元前五三四年「虒祁宮」完工，「列國聞落成之命」後，雖均「不敢不遣使來賀」，鄭、衛兩國甚至是國君親自前來，但看到如此鋪張擺闊、堂皇富麗的宮殿，卻只有表面恭維，實際「莫不竊笑其為」。有大夫甚至私下發牢騷，「可弔也而又賀之」，本該弔喪反而祝賀，「甚哉其相蒙也」，這樣的互相糊弄太離譜了，以致各國「皆有貳心」，唯不宣而已。

在司馬遷《史記．樂書》中，則透過一段神乎其神的音樂傳奇，給予平公犀利的批判：「虒祁宮」落成後，前往朝賀的衛國靈公途經「濮水之上」休息，夜半時總聽到「鼓琴聲」傳來，「狀似鬼神」，「左右」卻皆曰「不聞」。靈公便召隨從樂官師涓，囑其「聽而寫之」，聽到後記錄下來。赴晉拜見後，平公宴請其於「虒祁宮」內「施惠之臺」，師曠陪坐在側。席間靈公說道，來時曾「聞新聲，請奏之」，便令師涓「援琴鼓之」。曲未終，師曠突然壓住琴「止之」，曰「此亡國之聲也」，不可再聽！平公問何故？師曠稱，此乃商朝末年「師延所作也」，為紂王「靡靡之樂」，武王伐紂時，師延「自投濮水」，乃成鬼神之音，後世「先聞此聲者國削」，意味國家就要衰弱了。平公不信，曰「寡人所好者音也」，令師涓繼續「鼓而終之」。

聽完如此哀傷的曲調，平公轉問師曠，恐怕沒有比其更「悲」的曲調了吧？師曠回答「有」。平公說「可得聞乎？」師曠直言不諱地說，「君德義薄」，您「不可以聽之」。平公說，「寡人所好者」，就是音樂，「願聞之」，堅決要求演奏。師曠「不得已」，遂「援琴而鼓」。「一奏之」，就有「二八」十六隻黑色大鶴翩翩飛來，齊集「廊門」；「再奏之」，這些大鶴就「延頸而鳴，舒翼而舞」，彷彿淒淒慘慘地舞蹈起來。平公大悅，起而為師曠敬酒，又問，這回可再「無此最悲」的了吧？師曠又回答「有」，但同時表示，此是當年黃帝用以「大合鬼神」之曲，「君德義薄」，「聽之將敗」，會倒楣的啊！平公固執地說，「寡人老矣」，太愛「音也」，「願遂聞之」，就讓我聽個夠吧！師曠只好遵命。「一奏之」，即「有白雲從西北起」；「再奏之」，「大風至而雨隨之」，暴風驟雨交加之際，「廊瓦」似也被鬼神掀起，一片片地飛了起來，眾人紛紛四散奔走。

此時，平公也大為驚懼，嚇得急忙「伏於廊屋之間」。晉國則因此「大旱」，「赤地三年」。而平公亂聽音樂受驚後，就得了「心悸之病」，從築「虒祁宮」到死「不及三年，又皆在病困之中」。故後人嘆之曰「枉害百姓」，自己「不得安享，豈不可笑」？

一段音樂傳奇，被司馬遷描寫得活靈活現，如同神話。其真正宗旨是認為「聖人之所樂也，而可以善民心」，音樂是施行教化的利器，絕不是恣意妄為、驕奢淫逸的工具。聽者可能是

「吉」，也可能是「凶」，故「樂不可妄興也」。

那麼，「虒祁宮」的故址在何處呢？北魏地理學家酈道元的《水經注》中，稱「澮水」從「西南過虒祁宮南」，「宮在新田絳縣故城西四十里」，「其宮」「背汾面澮，西則兩川之交會也」。其舊址，可能在曾屬曲沃管轄的今山西省侯馬市，當地仍有一個村落謂之虒祁村，不過此說也存在爭議，更準確的方位就難以認定了。

平公與師曠，還有一段流傳極廣的「秉燭而學」的故事。據說，平公問於師曠，「吾年七十欲學，恐已暮矣」。師曠曰，「何不秉燭乎？」平公不悅，說：「安有為人臣而戲其君？」，你怎麼能這樣嘲弄我呢？師曠回答，「盲臣安敢戲其君」呢？隨之解釋道，「臣聞之，少而好學如日出之陽，壯而好學如日中之光，老而好學如秉燭之明」，「秉燭之明，孰與昧行乎？」，這難道不比在黑暗中走好嗎？平公曰：「善哉。」

年已古稀還想著學習，平公的態度是積極的。然而，這個來自西漢學者劉向《說苑》裡的故事，卻有著明顯的漏洞。平公在位二十六年，其父悼公十四歲登基，在位十五年，享年二十九歲，推算平公年齡最大不過四十歲左右，怎麼可能活到七十歲呢？不過，故事儘管失實，師曠的回答卻使後世無數的中老年好學者深受啟迪，大獲鼓勵，這個故事也已昇華為中華文化遺產中一束嬌小玲瓏的勵志花。

第十一篇

君權旁落·豪卿纏鬥

西元前五三二年平公故世，其子晉昭公繼位，這一年距晉文公「城濮之戰」大捷整整百年。西元前五二六年昭公故世，其子晉頃公繼位。西元前五一二年頃公故世，其子晉定公繼位。這時，晉國歷史的總體走向，就如《史記．晉世家》所言，是「六卿強，公室卑」，漸漸導致「晉益弱，六卿皆大」，幾家豪卿各懷異心，彼此傾軋，明爭暗鬥不息。國君權力日趨旁落，被不斷擠壓、不斷侵害，國君漸漸成為形同虛設的傀儡。以此為轉折，晉國也步入了最後解體的階段。

一　盟主地位的勉強支撐與「六卿」的坐大

所謂「六卿」，指的就是晉國權貴卿族經過多年較量、陸續淘汰與消亡，最後仍存在的六家。及至頃公時期，其傳承譜系大體是：

韓氏，由獻公之父武公時期韓萬起，傳韓賕伯、韓簡、韓輿、韓厥至韓起。

趙氏，由獻公時期趙夙起，傳趙衰、趙盾、趙朔、趙武至趙成。

魏氏，由獻公時期魏萬起，傳魏犨、魏悼子、魏絳、魏嬴至魏舒。

范氏，即士氏，由獻公時期士蔿起，傳士缺、士會；士會任正卿時受封於范地，改以「范」為氏，士會再傳士燮、士匄至士鞅，所以士鞅也稱范鞅。

中行氏，為荀氏一支，由獻公時期荀息起，傳荀逝敖、荀林父；晉文公時曾組建中行、右行、左行三軍，實際就是三路步兵，荀林父為首任中行主將，後遂以「中行」為氏，荀林父再傳荀庚、荀偃至荀吳，所以荀吳也稱中行吳。

智氏，也為荀氏一支，荀林父之弟荀首受封於智地，遂以「智」為氏，荀首再至荀罃、荀朔、荀盈、荀躒，所以荀躒也稱智躒。

彼時，韓起為正卿、中軍主將，中軍副將先為趙成，因其早逝，由中行吳接替，中行吳故世後，由魏舒、范鞅、智躒相繼接替。此三人，又依照晉國正卿不能獨家承傳的慣例，從西元前五一四年韓起老邁告退後，相繼輪流「坐莊」執政二十多年。

晉平公後期，諸侯離心傾向已相當明顯，盟主地位嚴重下滑。昭公登基不久，齊國景公、衛國靈公、鄭國定公應邀赴晉「朝嗣」。昭公設宴招待，酒後作「投壺」之戲，即將箭投向遠處壺中，以命中數定勝負。昭公先投，相陪的中行吳隨口說道，「有酒如淮，有肉如坻；寡君中此，為諸侯師」，在讚美酒肉豐盈的同時，公開表露了仍霸諸侯的強悍。齊景公不悅，輪其投時就說，「有酒如澠，有肉如陵；寡人中此，與君代興」，表達了足以取代晉國的自信。晉國有大夫勸中行吳不能當面欺客，中行吳卻說，「吾軍帥強」，「齊將何事？」，齊國能怎麼樣？齊國大夫看氣氛不對，忙說，「日旰君勤」，天晚了、國君累了，即帶景公「遜謝而出」，次日登程回國，兩國關係更趨冷淡。

有鑑於此，為了盡量挽回頹勢，叔向提出對「諸侯不可以不示威」了。於是，西元前五二九年，晉國「徵會」各國，決定主盟，並特邀吳國度王參加。韓起年事已高，故留其守國，改由中行吳率領，盡起舉國兵馬「甲車四千乘」，浩蕩出發，護衛昭公趕往位於今江蘇睢寧的「良」地迎候度王，度王卻藉口水路不暢未到。而後，晉軍駐紮到位於今山東鄒城的邾國之南，首先指派叔向去「尋盟」齊國。

齊國起初反對結盟，但讓能說會道的叔向振振有詞、連唬帶哄一番後，有點擔心，就似是而非地表示，有「大國制之」，我們「敢不聽從」嗎？「遲速唯君」，遲早會聽從晉國君命的。叔向據此感到諸侯「有間」者，不服者多，建議繼續施壓。晉軍隨即擺開戰車陣勢，大舉閱兵操練，各營廣張旌旗，設壇擂鼓，又掛出無數的飄帶迎風飛揚，竭其所能炫耀武力，顯示雄威，因而「諸侯畏之」，終於迫使各國「齊服」。

其後不久，昭公接受多國朝賀，晉國與眾諸侯「會盟」於平丘，在今河南封丘。此前，由於邾、莒兩個小國告狀，稱魯國「朝夕伐我」，常來侵擾掠奪，故昭公拒絕會見魯國君主，並拒其赴盟。魯國對此十分不滿，叔向就搬出「甲車四千乘」予以恫嚇，聲言「牛雖瘠，僨於豚上，其畏不死」，即我家的牛再瘦，壓到豬身上，豬還能活嗎？魯國怕了，只好自降身分，派大夫季孫意如出席。即便這樣，晉國仍然在「歃血」之後，當場拘捕了季孫意如，用帳幕圍住，派人看守多日，又將其押回晉國。後有人規勸中行吳，魯國一向為「兄弟之國」，且地域「十倍邾、莒」，若我們棄之，必使其「改事齊、楚」，對晉國有何益處呢？中行吳認為有理，就稟報韓起，進而說通了昭公，將季孫意如放還魯國。

這次「會盟」儘管耗費巨大，也獲得一些表面效果，但實際上此後諸侯越來越無所畏懼，曾經的定期「朝聘」，漸漸被敷衍推拖，貢獻的物資屢屢減縮。晉國想發號施令、召集列國，更是戛戛其難，處理列國之間爭端的實力江河日下，春秋時期維持時間最長的晉國霸業，已成強弩之末，彷彿夕陽西下，盟主地位也只能勉強支撐了。

與此同時，「六卿」則越來越不遺餘力地壯大自身，毫無顧忌地侵占土地，肆無忌憚地聚斂財富，晉國幾乎包括現在山西全部與河南、河北、陝西不少部分的遼闊版圖，逐步被其分割控制，且彼此均建立起相對完整的統治機構，擁有龐大的家族武裝，形同獨立王國。國君的掌控範圍日益衰減，淪為被架空、被擺布、被玩弄於股掌之上的傀儡。勢力薄弱的卿族，則幾乎無一例外被吞併、被翦滅，最後以羊舌氏、祁氏的覆亡為代表，而消逝殆盡、蕩然無存。

二　羊舌氏、祁氏的覆亡與對名嘴叔向的認知

羊舌氏、祁氏是晉國除「六卿」之外最大的兩個家族，雙方多有來往，而羊舌氏更是與欒氏集團關係密切。叔向本名羊舌肸，是羊舌氏中最為出名的人物。西元前五五二年，欒盈起事挑戰士氏時，羊舌氏就曾積極參與，失敗後叔向的異母弟羊舌虎被殺，叔向與其兄羊舌赤因涉嫌其事被囚，經老臣祁奚力保，始免於難。另一個弟弟羊舌鮒逃往魯國，直到趙武當政時才獲准回國。

據稱，當年叔向之父羊舌職娶回小妻時，因其非常漂亮但出身低微，叔向母親不准羊舌職與之同床，為此幾個兒子「皆諫其母」。其母大怒，就說「深山大澤，實生龍蛇」，我是「懼其生龍蛇」，擔心為你們招禍啊！羊舌是弱小家族，今國內「大寵」甚多，「不仁人」常常挑唆，你們能活下去嗎？「余何愛焉？」，我哪是為自己呢？但後來還是同意了小妻「視寢」，繼而小妻生下「美而有勇力」的羊舌虎，也埋下日後的禍根。

西元前五二九年昭公「會盟」平丘時，羊舌鮒代理軍中司馬，負責掌管軍紀。大軍歸來時，經過衛國，羊舌鮒竟強行索取當地財貨，縱容士兵亂砍濫伐柴木。衛國人惹不起，只得捧著肉羹、帶著錦緞，找叔向求情。叔向「受羹反錦」，又感嘆道，羊舌鮒這樣「瀆貨無厭」，禍「亦將及矣」，就快出事了。果然，第二年晉國司法主官出訪楚國，由羊舌鮒暫時「攝理」此職。誰知，因此卻引來自尋死亡的大報應。

原來，晉景公時有位鄭國公主是個大美人，嫁於陳國夏氏，故名夏姬。據云夏姬嬌媚「無匹」，「公侯爭之，莫不迷惑失意」，曾「三為王后，七為夫人」，是當時炙手可熱的美豔女子，其間有多人為之亡身。後楚國王族屈巫攜其私奔到晉國，景公拜屈巫為大夫，賜其封地於「邢」。

夏姬在晉國生一女一子，其女嫁給叔向為妻。對此婚事，叔向母親曾竭力反對，認為夏姬之美導致「三夫一君一子」喪命，是「足以移人」的「尤物」，其女兒若非有大德者，娶之也「必有禍」。後來此女生子，叔向母親去「視之」，卻「聞其號也乃還」，聲稱孩子的啼哭若「豺狼之聲」，「終滅羊舌氏之宗者必是子也」。這個孩子，就是後來導致羊舌氏覆亡的羊舌食我。

夏姬之子謂之邢侯，由於另一個從楚國來投靠晉國的大夫雍子欲多占土地，與邢侯發生爭田糾紛，官司打了多次，「久而無成」，韓起下令羊舌鮒審理。雍子熟知羊舌鮒的劣性，就先將自己的一個女兒送予此君。結果分明「罪在雍子」，羊舌鮒卻妄斷邢侯有罪，將土地判予雍子。邢侯頓時大怒，氣憤難忍，當即就把羊舌鮒、雍子雙雙砍死。

韓起得報後，就問叔向該如何處理。叔向回答，「雍子自知其罪而賂以買直」，即雍子用其女買得勝訴，「鮒也鬻獄」、貪贓枉法，邢侯擅自「專殺」，理當償命，所以「三人同罪」，故應「施生戮死」，將活著的人處死、死了的人暴屍梟首示眾。接著，叔向又引經據典地發了一番高論：「己惡而掠美為昏，貪以敗官為墨，殺人不忌為賊。《夏書》曰：『昏、墨、賊，殺』，皋陶之刑也，請從之。」意思是：雍子自身有劣行，還要掠取美名，這就是「昏」；羊舌鮒貪婪無恥、敗壞官聲，這就是「墨」；邢侯恣意殺人、不懼國法，這就是「賊」。按照堯舜時期大法官皋陶的刑律，皆應「殺」。韓起就處死邢侯，同時將雍子、羊舌鮒戮屍於街市，但也有邢侯逃走、僅其族人連坐受死一說。

叔向此舉此論，曾獲孔子讚賞，稱其為「古之遺直」，是「治國制刑，不隱於親」，具有古賢遺風的直士，三句話就「除三惡加三利」，「殺親益榮」，不徇私情而獲得盛譽，「猶義也夫」，這不也是一種道義嗎？然而，引發事端的真正罪人，叔向的親兄弟羊舌鮒已經死去，邢侯身為自己的妻兄弟，畢竟關係較遠，那麼叔向這種「殺親」的公正色彩就應大打折扣。若再深究，更不能排除其希望盡快處死邢侯，以免個人再遭牽連的自保動機。

西元前五一四年晉頃公時期，祁氏家族出了一件醜聞，家臣祁勝與鄔臧「通室」，兩個家臣家族首領，也即祁奚之孫祁盈發現後，準備嚴懲。有人勸說，祁勝門路廣，國內「無道」者多，圖謀者眾，需要謹慎處理。祁盈卻表示，此私家事「國何有焉？」，與國家有什麼關係？遂將兩人抓了起來。祁勝就指派親信用金錢賄賂中間人荀躒，荀躒替祁勝說話，將此事報於頃公。頃公得知後，立即下令拘捕祁盈。祁盈的其他家臣怒了，乾脆將兩人殺掉。於是事情鬧大，可能還發生了武力衝突，而出手幫助祁氏為其「助亂」者，就是叔向的兒子羊舌食我。結果，祁盈、羊舌食我均被處死，祁氏、羊舌氏皆被滅族。其土地，「祁氏之田」分為「七縣」，「羊舌氏之田」分為「三縣」，委派卿族子弟或親信大夫管理。從此，晉國除「六卿」之外，中小卿族皆被吞噬，全然無存。

叔向結局如何？史書無載，此時應已故世。叔向能言善辯，伶牙俐齒，尤喜旁徵博引，高談闊論，似乎也聰穎過人，稱得上是當時的名嘴，《左傳》、《國語》等書紀錄了不少其人的言談，曾贏得後世的廣泛好評。然而，其實際建樹並不突出，所傳言論往往過甚其詞，大而無當。其親屬子弟大多乏善可陳，甚至劣跡不少，家族則早已陷入晉國內鬥的漩渦，難免樹敵。所以，最終被滅族，固然有弱肉強食的因素，但叔向同樣難辭其咎，絕非沒有干係。歷來人們對其全然溢美的讚賞，仍然有更深入審視與逆向認知的必要。

三　象徵霸業沒落的一次最失敗主盟

就在祁氏、羊舌氏覆亡的當年，年逾八旬的韓起告老，魏舒繼任正卿。這時，「六卿」日趨龐大的領地與家族武裝已經超過國君，正卿權力今非昔比，身為中軍主將也很難主宰三軍，形同虛設。

西元前五〇九年魏舒故世，范鞅繼任正卿。此後不久，蔡國昭侯訪問楚國時，將所帶兩份玉佩、裘服贈送楚王一份，自用一份，出席宴會。楚國當權令尹子常「不仁」，因未獲贈，就藉故拘押昭侯予以報復，還揚言要扣留三年。昭侯的隨從只好將玉佩、裘服奉送子常，昭侯始得釋放。為此，昭侯氣憤至極，歸國後就專赴晉國，願以一子與一大夫子為人質，請求出兵，助其雪恨。范鞅急欲提高聲望，又看到楚國正受到吳國的威脅、自顧不暇，就以伸張正義為名發動諸侯，西元前五〇六年攜手定公主持「會盟」於召陵，在今河南郾城。為逞能造勢、還軟硬兼施、竭力蒐羅小國，最終湊得十七、八個國家參與，據說是晉國主持的歷次「會盟」中，出席國最多的一次。其間，晉國宣稱當年的「弭兵」之約無效，謀求與各國一道聯合「伐楚」，齊國則抱著觀望態度，同意出席。

可是，這時的晉軍已十分零散，軍備也不齊整，以至於要向鄭國借用「羽旄」裝飾旌旗才能赴會，頗讓諸侯小瞧，而中行吳之子中行寅更公開向蔡昭侯勒索錢物。中行寅非常貪婪，過去就曾幾次向鄭國索賄，遭到抵制，昭侯可能察覺此人與楚國子常一樣齷齪，予以拒絕。中行寅便故意向范鞅進言，說什麼現在我「國家方危」，「諸侯方貳」，難得齊心，且南方正值「水潦」、「疾瘧」流行，此時出征「襲敵」不是很困難嗎？力勸退兵。

范鞅其實深知自家底氣薄弱，於是表示同意，僅向昭侯道歉，即宣布中止進軍，大家各歸本國，只幫昭侯滅掉一個不來赴會的小小沈國，勉強了事。晉國在會盟時，還將昭侯的禮儀位置後挪，使其更為憤懣。昭侯回國後，就又以一子與一大夫子為人質，轉投吳國，請求為其復仇。西元前五〇六年末，吳王闔閭親自掛帥，以名將伍子胥與曾著《孫子兵法》的孫武為大將「伐楚」，直至攻克楚國郢都，楚王涉水而逃，將大象點燃尾巴，致其狂奔亂跑，才堵住追擊，令尹子常因恐遭報復，也遠逃國外。

晉國此次「會盟」本來就有點力不從心，勉為其難，卻又臨陣怯場，虎頭蛇尾，不了了之，更因禮儀不周，得罪了衛國、鄭國，大失諸侯信任，整體威望跌至谷底。所以，這也就成為其百年以來象徵霸業沒落的最後、也最失敗的一次主盟，「執牛耳」的榮光從此一去不復返，皆成記憶。

同時，被晉國打壓多年的齊國趁機抬頭，透過不斷地拉攏與武力脅迫，於西元前五〇三年與鄭國結盟，次年衛國大夫經過一番爭論後，也決定「叛晉」，又一年齊國出兵拔掉在今山東聊城的晉國駐軍要地夷儀。西元前五〇〇年，一向親晉的魯國，也背離晉國而與「齊平」。魯定公與齊景公會商時，第一助手就是孔子，這也是史書所記孔子的首次外交活動。據載，齊國曾有人想當場挾持魯定公，迫其讓步，身高力壯的孔子當即護定公而退，厲言「兩君合好」，卻「以兵亂之」，「非齊君」，沒有您這樣的國君吧！景公遂急命阻止。簽訂和約時，孔子有禮有節，據理力爭，使齊國歸還了所占據的「汶陽之田」。

就這樣，晉國在中原保持多年的戰略優勢大致喪失，在國內則因「六卿」牽制，相對平衡的格局開始動搖，無情的殺伐纏鬥，也就成為彼此之間時斷時續的主體旋律。

也就在此時，晉國晚期一位出色的政治明星漸露頭角，他就是「趙氏孤兒」趙武之孫、趙成之子趙鞅，故世之後謚號「簡」，史書多以趙簡子稱之。

四　趙簡子的新路徑與孔子的耿耿於懷

西元前五二五年前後，已成為中軍副將的趙成英年早逝，十八、九歲的趙簡子挑起家族首領的重擔，任下軍副將。西元前五一七年，其行跡首見史冊，率軍進入周王都參與平息內亂。而後不久，趙簡子就做了一件堪稱歷史亮點的事，即「鑄刑鼎」。

春秋時期幾百年間，社會發展變化劇烈，新興權貴階層逐步崛起，殘酷的利益爭奪漸成常態，五花八門的實用思潮日益氾濫，以「周禮」為綱的統治結構與倫理秩序，已很難維繫。但是，捍衛舊制的保守勢力畢竟根深蒂固、非常頑強，推行更公正、公開的司法律令縱然勢在必行，卻也是一項極易受到攻訐、格外需要勇氣的行動。因此，晉國儘管早有類似嘗試，西元前五五〇年正卿士匄，即范匄還曾制定過一套條款完備的法典，因其故世後謚號「宣」，史稱「范宣子刑書」，可也只能藏於祕府，聊作內參，使用起來不免有所出入，無法公開，難以監督。

於是，西元前五一三年，趙簡子就借與中行寅一道領兵，到位於今河南嵩縣的汝水之濱修築城池的機會，從晉國徵收「一鼓」，即四百八十斤鐵，將「范宣子刑書」鑄在大鼎之上，公布於眾。顯然，這是一種對固有制度模式的反叛與顛覆性衝擊，一種對更廣泛階層的籠絡與示好，也是年輕的趙簡子第一次頗具昭告意義的獨立亮相。後世對此事評價較高，「晉鑄刑鼎」甚至被稱作是中國從禮治步入法治的一座劃時代的里程碑。

然而，這個行動卻遭到孔子的激烈抨擊。孔子率然斷言晉國「失其度矣」，「其亡乎」，恐要滅亡了，認為晉國曾恪守祖先唐叔虞的禮儀「法度」，故「民是以能尊其貴，貴是以能守其業」，不同階層的人各安其分。今棄之「而為刑鼎」，則庶民「何以尊貴」、貴胄之族「何業之守」？「貴賤無序」、上下錯亂，「何以為國」？所以，此法是「晉國之亂制也」，怎可用之？

孔子痛心於彼時的「禮壞樂崩」，天下無道，諸多憂慮、憤懣並非沒有道理，所展現的是其渴望營造理想社會的思想，這種思想或許有些疏離於現實，精神光芒卻是彌足珍貴，且被後世不斷增補內涵，最終昇華為在中國具有崇高地位的治世倫理。

趙簡子則完全著眼於現實權益的擴張，謀求傳統桎梏的突破，也包含著不被時代巨變的波濤擊沉的遠見及弄潮踏浪的希冀。故其一生，所走的乃是一條迥異常規的新潮路徑，雖有些不擇手段，也有點不仁不義，且孔子始終對此耿耿於懷，但其力求變易圖強的膽略無可厚非，畢竟為趙氏家族的最後勝出，完成了紮實的奠基。

一九七二年，山東臨沂銀雀山漢墓出土了大量竹簡。其中「吳問」殘簡有段記載：吳王闔閭問孫武，晉國「六卿」中，「孰先亡，孰固成？」孫武回答，「范、中行氏先亡」，又問「孰為之次？」孫武回答「智氏為次」，繼而「韓、魏為次」。吳王問為什麼？孫武稱，范氏、中行氏「制田」以「八十步為畹，以百六十步為畛」，智氏以「九十步為畹，以百八十步為畛」，韓氏、魏氏以「百步為畹，以二百步為畛」。「畹」指地畝面積，「畛」指田間疆界，其意思，據學者解釋，是指范氏、中行氏以一百六十方步為一畝，智氏以一百八十方步為一畝，韓氏、魏氏以兩百方步為一畝；孫武進而解釋，這幾家「田狹」，卻均為「伍稅之」，稅賦占了一半，百姓負擔重，「公家富」且「置士多」，吃閒飯者眾，不免「主驕臣奢」；而趙氏「制田」以「百二十步為畹，以二百四十步為畛」，即以兩百四十方步為一畝，田寬卻「公無稅焉」，是「公家貧」而「置士少」，能「主斂臣收」，注意節約、「以禦富民」，故「晉國歸焉」，民心終將屬於趙氏。吳王聽罷嘆曰，「善！王者之道，厚愛其民者也」。

按照西周舊制，一百方步為一畝，當時雖然已革新成風，但趙氏的革新顯然力度最大、賦稅最輕，民眾受惠最多，並建立起一套閒人有限、精幹節儉的管理機構。孫武與趙簡子的生存年代幾乎重疊，故其所論恐非推斷。而趙氏這種開明舉措的制定者，或許正是趙簡子。

與此同時，趙簡子還特別注重不拘一格、延攬才俊。據載，有位小人物周舍，立其門下三天三夜，趙簡子令人問有何求？周舍說，我要當個「諤諤之臣」，專為「隨君之後」尋找「君之過而書之」，讓您「日有記」、「月有效」、「歲有得」，趙簡子就讓他天天跟著挑毛病，後周舍死去，更「厚葬之」。再後來，趙簡子「每聽朝，常不悅」，左右問其故，趙簡子黯然回答，「吾聞百羊之皮，不如一狐之腋」，如今我「徒聞唯唯」，而「不聞周舍之諤諤」，「是以憂也」。

正因趙簡子具備禮賢下士、從諫如流的雅量，所以網羅了不少甘願捨身奉獻的出色家臣，如董安于、尹鐸等，且憑藉這些人的才智，幾度使趙氏化險為夷、轉危為安，躲過生死關頭的劫難。其中，趙簡子對陽虎的接納與重用，尤為令人稱道。

陽虎原是魯國豪門季氏的一名小臣，身分低微。大約西元前五三五年，雖為貴族後嗣的孔子，時年十七、八歲，卻家境非常貧寒，又剛剛喪母，恰值季氏設宴「饗士」，就想進去吃口肉食，卻被陽虎毫不客氣地擋在門外。三十年後，陽虎已憑藉超群的能力與狡詐的手段，從參與季氏廢立國君的內鬥中脫穎而出，並一度操控季氏，而以「陪臣執國命」，成為魯國權臣。此時孔子也聲名鵲起，陽虎欲請其會面，希望拉攏之，但孔子不理。陽虎即派人送去一隻烤乳豬，按禮需要答謝，孔子就專等陽虎出門時去訪，想敷衍了事。不料恰在半路相遇，陽虎說，「來！予與爾言」，「懷其寶而迷其邦」，有才氣不報國，「可謂仁乎？」；「好從事而亟失時」，喜愛參政卻錯失時機，「可謂知乎？」孔子皆答：「不可。」於是陽虎以「日月逝矣，歲不我與」說教孔子，要他趕快出仕。可不久後的西元前五〇一年，陽虎就在企圖顛覆季氏的政變中失敗，逃往齊國，繼又逃到晉國。

陽虎與孔子理念相悖，千百年來多遭責罵，但當時比陽虎好的人其實寥寥，智勇遠遜者卻芸芸。陽虎曾言「主賢明則悉心以事之」，主「不肖則飾奸而試之」，這樣的人當然不易駕馭，而趙簡子卻「迎而相之」，聘為首席家臣。有人勸告「虎善竊人國政」，能用嗎？孔子也聲稱趙氏必將因此「有亂」。但趙簡子認為「虎務取之，我務守之」，他善竊奪，我更善固守，遂以「信賞」其能「必罰」其邪的兩套手法「執術而禦之」。據說，某日趙簡子遞給陽虎一件密函，原來都是對其劣行的告發信，陽虎看後大驚，從此再「不敢為非」，盡力「善事簡主」以「興主之強」，致趙氏「幾至於霸」，孔子的預言打了水漂。

當然，若有與己敵對者，趙簡子也絕不手軟，其多被後世儒家詬病之事，就是對大夫竇犨的處置。竇犨的封地「狼孟」，即今太原陽曲一帶，竇犨曾在此修建城池，還築壩阻洪、開渠導水，擴展農田以惠其民。但因其不滿趙簡子的所作所為，西元前四九四年被誅殺。當時，在衛國並不順心的孔子，正欲「西見趙簡子」而前往晉國，到了黃河邊，聞知此訊後非常悲痛，遂臨河長嘆「美哉水洋洋乎」，但「丘之不濟，此命也夫」，我不能過河了，這是命啊！弟子追問何故，孔子憤然曰：「趙簡子未得志之時」，用竇犨輔助「從政」，「及其已得志」卻「殺之」。我聽說有「刳胎殺夭」，剖腹取幼胎者，則「麒麟不至其郊」；有「竭澤而漁」者，「蛟龍不處其淵」；有「覆巢破卵」者，「鳳凰不翔其邑」。「鳥獸之於不義也，尚知辟之」，遠遠躲開，況孔丘我呢？發了這樣一段牢騷後，孔子親作琴曲〈盤操〉向竇犨致哀，隨之調轉車頭，悵然離去。

如今，太原北郊仍有元順帝至正三年（一三四三）重修的「竇大夫祠」存在，已成為中國重要文物保護單位。

五　卿族內戰爭端與「侯馬盟書」重見天日

西元前五〇一年范鞅故世，由智躒繼任正卿，趙簡子升任中軍副將，范鞅之子范吉射任下軍副將。次年，趙簡子出征衛國，衛國不敵，「貢五百家」農戶請和，趙簡子就將這些農戶委託於邯鄲趙氏代管。邯鄲趙氏是趙氏小宗旁支，其先祖即趙盾堂侄、殺害晉靈公的趙穿。後來趙穿得到趙盾保護，並受封邯鄲，傳趙旃、趙勝到趙午，趙午與趙簡子應屬於遠房兄弟。

西元前四九七年，趙簡子向趙午討取這些農戶，計劃將他們搬遷到晉陽。這是晉陽這個地名首次見於史籍記載。晉陽最早的城池在今太原市晉祠一帶，因其坐落在發源於附近懸甕山的晉水之北，故得此名。

當時，晉陽尚屬晉國北陲邊地，趙簡子獲得此地的時間不長，後即委派董安于主持修建晉陽城。董安于是靈公時期耿直史官董狐後人，曾任「上地」太守，應在今山西長治一帶。據稱，董安于某次巡察入山，見有「澗深峭如牆」，就問左右：「有人掉落此中嗎？」對曰「無有」；又問，「嬰兒、盲聾、狂悖之人」，有掉落的嗎？對曰「無有」；再問，「牛馬犬彘」，有掉落的嗎？回答還是「無有」；董安于欣然曰「吾能治矣」，只要使「法之無赦」，如同掉落「澗之必死」，則「莫之犯也」，誰還敢違法？這樣的比喻，堪稱對法網恢恢的威嚴最形象的詮釋。董安于修建晉陽城時，構築了堅實的城池，建造了寬大的倉廩，特別是將宮廷的牆垣皆以「荻蒿楛楚」，即荊條、葦稈等填塞，且使「其高至丈餘」，宮室的「柱質」則「皆以煉銅」鑄成，為必要時刻的弓箭製造，作了前瞻性儲備。從上述兩件事看，董安于顯然是一位有膽有識、敢作敢為的優秀臣僚。

趙簡子討取這些農戶時，趙午起初答應，可「告其父兄」後，卻遭到反對而拒絕。趙簡子大怒，就將趙午召到晉陽囚禁，或許是越談越生氣，趙午竟被殺害，其子趙稷得知後，即準備討伐趙簡子。而中行寅是趙午的舅舅、范吉射女兒的公公，彼此關係密切、地盤接近，且均想打擊趙氏，所以范氏、中行氏也借機發難，並成為軍事主力，舉兵殺來。

於是，以趙氏家族糾紛為引線，晉國卿族之間第一次大規模的內戰就此展開。

面對如此情勢，董安于主張先發制人、予以武裝反擊，趙簡子卻表示「晉國有命，始禍者死」，晉國有成規，最先舉兵作亂者要處死，故「為後可也」，等等再說。不久，范氏、中行氏進攻「趙氏之宮」，趙簡子逃離都城，出奔晉陽。對趙簡子一向心存不滿的孔子，即在所作《春秋》中嚴詞記載「趙鞅入晉陽以叛」，將其不請示「晉君而執邯鄲午」誇張為叛國的惡行。

可是，智躒與韓氏、魏氏對中行寅、范吉射早有怨憤。看其一路長驅攻殺到晉陽城外，更不願其勢力擴大。為此，智躒先行一招，特意請示晉定公，稱晉國祖訓「始禍者死」，今「三臣始禍」，僅逐走趙氏，於刑「不均」，故「請皆逐之」。定公自然只能認可，智躒遂以「奉公以伐」為由，聯合韓氏、魏氏征討范氏、中行氏，但被對方擊退。

正在這時，中行寅、范吉射卻犯了一個致命的錯誤，就是直接攻打定公。有人勸之「伐君」萬萬不可，因「民弗與也」，百姓不會認同，且智、韓、魏「三家未睦」，並不諧和，足以各個擊破、「盡克」獲勝，「若先伐君，是使睦也」，讓三家同心啊！但兩人不聽忠告，執意對定公下手，企圖廢君另立，結果喪失道義，更促使「國人助公」，故很快反勝為敗。不僅晉陽得以解圍，兩人還被三家兵馬一路追打，退到了位於今河南淇縣的朝歌。

而趙簡子，卻由於未動武力而獲得免責，重返都城。不久，又與智氏、韓氏、魏氏以及相關大夫「盟於公宮」，面對國君「歃血」誓約，定將一致對付「始禍」的國賊。

與此同時，也有人非常忌恨才能出眾的董安于，遂進言智躒，「不殺安于」，使其「為政於趙氏」，恐「趙氏必得晉國」，何不以其先挑禍之名誅之。於是智躒就通報趙簡子，聲稱范氏、中行氏「為亂」，皆因董安于「發之」，按晉國「始禍者死」之制，詢問該如何處理。趙簡子懂得言外之意，十分焦慮。董安于得知後卻坦然表示，如我之死可致「趙氏定」，「將焉用生？」竟主動自縊而死，為緩解趙簡子的焦慮獻出了生命。

趙簡子與智氏、韓氏、魏氏等人的誓約盟書，按當時規矩，要書於玉片、製成兩套，然後「殺牲取血」、共同拜祭，將一套收藏「盟府」保存，另一套塗血「於上而埋之」大地或沉之河中，以示敬告神靈，祈請天地共證。有幸的是，這份盟書以及他們在隨後數年的另外幾次誓約盟書，居然在兩千四百多年後再見光明，就是曾經轟動中國學術界，乃至世界漢學界的「侯馬盟書」。

「侯馬盟書」一九六五年發現於山西「侯馬晉國遺址」的多個祭祀坑內，共出土五千餘件，主要為圭形、寫有文字的大小石片、玉片，每件多者兩百二十餘字，少者僅十餘字，其中可辨識者六百五十餘件，三千餘字。內容包括主盟人的誓詞，為保證團結、效忠盟主、齊心拒敵而訂立契約的「宗盟」類文字；說明與在逃舊主斷絕關係、不再與之暗中勾結，並防其返回的「委質」類文字；表示不再私下擴充自有田產與勞農的「納室」類文字；責罵敵手與內部異端以及背叛行為的「詛咒」類文字等。

這些文字均以毛筆書寫，多數為朱紅色，少數為黑墨色，屬於小篆一類，接近春秋晚期的銅器銘文，也存在不少一字多形、繁簡並用、異體、假借等情況。文字出自多人之手，但均筆鋒流利，間架得體，古樸典雅，別具韻致，應是具有相當功力的小吏所寫，是中國迄今可見最古老、最完整的瑰寶式書法藝術，這也說明毛筆的使用在當時已經極為普遍。而其作為無比稀少、短缺的晉國晚期官方文書，也為研究當時的政治較量、軍事鬥爭提供難能可貴的鮮活資訊。

有鑑於此，一九九五年「侯馬盟書」被當之無愧地評為中國成立以來，考古發現的十大成果之一。鳳毛麟角般的奇珍，閃爍著遠古光華，絕無僅有的國家頂級文物，是中國山西侯馬市的驕傲，更為其厚重的文化增添了無上的榮耀。

六　八年的起落交鋒與「二卿」的滅族

趙簡子從晉陽重返都城後，雖仍為中軍副將、智躒副手，其魄力與聲勢實際已經超過智躒，也成為討伐范氏、中行氏以及趙稷的真正主帥。

西元前四九六年，趙簡子率軍包圍范氏和中行氏盤踞的朝歌。但因其出征的道義基礎並不紮實，列國也巴不得晉國力量受損，所以齊國、衛國、鄭國、魯國等開始謀劃，舉兵幫助范氏與中行氏抵抗趙簡子，有些小股勢力、乃至某些曾被降服的部族，也趁機反叛。不久，范氏旁支首領析成鮒就聯合赤狄小王桃甲部發起襲擊，竟攻入接近都城的「絳中」，儘管「不克而還」，卻也震動不小。接著，范氏、中行氏出師於「潞」，在今山西長治，「鄭師及范氏之師」又進擊「百泉」，在今河南輝縣。次年，齊景公與衛靈公為救助邯鄲，親自帶兵圍攻「五鹿」，在今河南清豐。後齊、衛、魯三國又聯合位於今河北正定一帶的鮮虞部族同時「伐晉」，甚至攻入晉國領土。這些舉動，很大程度上牽制了趙簡子，其不免需要多線作戰，大損實力，彼此陷入互相拉鋸的膠著狀態。

西元前四九三年，趙簡子再次對朝歌發起圍攻，朝歌食糧斷絕，齊國決定「輸粟」支援，由鄭國軍隊押運，范吉射接應。趙簡子得知後，當即率兵阻截，雙方遭遇於「戚」地之「鐵丘」，在今河南濮陽。於是，一場爭奪後勤給養的血戰，在這裡迅速爆發。

此時的情勢是，鄭國軍隊人多，范吉射也可能很快趕來，必須速戰速決。故開戰前，陽虎就獻計稱「吾車少」，應不按常規布陣，須「以兵車之旆」，把帥旗插到最前面的兵車，裝作精銳，搶先擊之、以勢壓人，待其將領趕到時，「見吾貌必有懼心」，再與接戰，彼「必大敗」，趙簡子依計「從之」。繼又虔誠占卜、對神告誓，聲言范氏、中行氏「反易天明，斬艾百姓」，鄭國「不道」，「棄君助臣」，我等「二三子」故決心「順天明，從君命，經德義，除詬恥」，不惜代價，為此一戰。

隨後，趙簡子宣布將論功行賞：「克敵者，上大夫受縣、下大夫受郡、士田十萬、庶人工商遂、人臣隸圉免」，即從上大夫到士，可獲得封地；庶民可被舉薦授官；奴僕可以赦免脫籍。又聲稱，我自己如果戰敗，甘願「絞縊以戮」，受絞刑而死，「素車樸馬」入上，並「無入於兆」，不進祖墳。這樣明確的賞罰政策，無疑會贏得廣泛的擁護，使全軍上下的求勝熱情大為高漲。

接戰之日，趙簡子由家臣郵無恤「御戎」駕車，由因國內糾紛投奔而來的衛國太子蒯聵為「車右」護衛，親自登車上陣。面對成隊「鄭師」，眾人不免膽怯，趙簡子遂以魏氏先祖畢萬為例，再次動員打氣。稱當年畢萬本為「匹夫」，卻「七戰皆獲」，最終毫髮無損，獲得豐厚封地，榮華富貴，安詳故世，所以望「群子勉之，死不在寇」，即大家奮勇戰鬥，就不會死於敵手。

雙方交兵之後，「鄭師」打得非常頑強。趙簡子肩膀被刺，摔倒在車中，伏在弓袋上「嘔血」，車前懸掛敬神乞勝的「蜂旗」也被奪走，拉車邊馬的韁帶幾乎扯斷，但郵無恤仍然拚命掌控，蒯聵幾上幾下拚鬥，又用長戈將趙簡子扶起，趙簡子忍痛繼續擂鼓。陽虎也率軍從側翼殺來，且自己也開始擂鼓，而致「鼓音不衰」、越發急促，「鄭師」終於不敵，節節敗退。可是，其幾位將領卻臨危不懼，親自殿後，彎弓回射追兵，使之紛紛倒斃。趙簡子非常欽佩，不敢小視，乃下令停止行動。

這場戰役史稱「鐵之戰」，是此次晉國內戰中最激烈也最關鍵的一戰。齊國支援的米糧「千車」悉數被奪，范氏、中行氏物資補給斷絕，銳氣大挫，齊、鄭等國也信心漸失，相持日久的均勢，急遽改觀。次年，趙簡子就攻破朝歌，中行寅率部退往邯鄲。又過了一年，趙簡子進兵邯鄲，守軍舉城而降。趙稷逃到「臨」，在今山西臨縣，從此再無記載。中行寅逃往鮮虞部族，又轉移到位於今河北隆堯縣的「柏人邑」。隨後，趙簡子派兵合圍該邑，中行寅、范吉射徹底宣告失敗，亡命齊國，「二卿」滅族，晉國的「六卿」只剩下「四卿」，邯鄲與柏人之地盡入趙簡子囊中。這場進退起落、交鋒八年的戰亂，也終於在西元前四九〇年畫下了最後的句號。

第十二篇
尾聲駭然・三家分國

就是在「鐵之戰」獲勝的西元前四九三年，智躒故世，趙簡子繼任正卿，開始名正言順執掌國政。其後十七、八年，正如《史記·趙世家》的評價，趙簡子雖「名晉卿，實專晉權」，成為一手遮天的強權人物。趙簡子對晉國固然有所貢獻，但其家族卻借機擴張，以致「奉邑侔於諸侯」，控制的地盤足以等同諸侯。此時，韓氏、魏氏、智氏均處弱勢，無法與之抗衡。但是，智氏門下一位青年英才卻漸漸崛起，後來幾乎使趙氏徹底滅門，而改寫了晉國的歷史。

一　趙簡子巧選後繼者與女娟夫人的「河激之歌」

在中行寅、范吉射剛剛亡命不久，趙簡子未令軍隊回師，即轉而討伐衛國，次年又討伐鮮虞，目的就是清掃敵對殘餘，報復幫凶，重振國威。恰在此時，尚屬有為，但一直與晉國對立，尤其是不斷支持范氏、中行氏的齊國景公故世，繼而齊國爆發奪位之爭，重臣惡鬥，國情大亂。為此，氣勢正盛、時刻覬覦中原的吳國國君夫差當即從陸路、海路「興師北伐」齊國，使齊國蒙受重創。希望保住盟主地位的趙簡子不甘坐視不理，也於西元前四八五年統軍「侵齊」，奪取了位於今山東臨邑、禹城的「犁」、「轅」二地，搗毀了高唐的城牆，又打到位於今章丘的「賴」地，幾乎逼近齊國都城後，才告捷班師。

這次出擊，是晉國內亂八、九年來的第一次大規模對外征伐，使齊國遭到強勢壓迫、巨大震駭，並促使某些小國開始搖擺，也將晉國與吳國的利害衝突推到前端。於是，由魯國出面斡旋，西元前四八二年，趙簡子攜手晉定公與吳王夫差會晤「黃池」，在今河南封丘。

當時，赴會的夫差滿懷「欲霸中國」的決心與「以全周室」的「尊王」大志，決心勝過晉國。據載，其所率兵馬中軍「萬人以為方陣，皆白裳、白旗、素甲、白羽之矰，望之如荼」，夫差親自「秉鉞」，「載白旗以中陣而立」，左軍「皆赤裳、赤旟、丹甲、朱羽之矰，望之如火」，右軍「皆玄裳、玄旗、黑甲、烏羽之矰，望之如墨」，距離晉軍一里列陣。天明時，夫差播鼓擊鐘，三軍「聲動天地」，雄壯異常。所以，夫差對於「歃血」次序絲毫不讓，必爭第一，雙方爭來爭去也無結果。以致趙簡子準備「建鼓整列」，拚死決個「長幼」。孰料，就在這時，夫差卻得到急報，被吳國征服而「臥薪嘗膽」多年的越國君王勾踐，已乘其國虛，大舉「伐吳」，太子抵抗被俘，都城姑蘇失陷。夫差為防洩密，連殺七人，但終究難掩焦灼，只好將第一讓位給晉定公，草草定約回國。

不過，此次晉國雖然小勝，也是偶然得之。後來趙簡子又數度出兵「伐衛」、「伐鄭」，還與齊國交鋒，但畢竟世易時移，無力回天，重建霸業的企圖大體落空。與此同時，趙簡子年事漸高，為了家族的利害存亡，一個更為核心的問題尤須深遠思慮，就是其接班人的遴選。

為此，趙簡子曾特邀著名相士姑布子卿為其「諸子」看相，但子卿看後，回答「無為將軍者」，沒有一個兒子可擔大任。趙簡子嘆曰「趙氏其滅乎？」這時子卿說，剛才「吾嘗見一子」，大概也是「君之子」吧？趙簡子遂將少子趙毋恤喚來，子卿立刻斷言「此真將軍矣」。趙簡子說「其母賤，翟婢也」，其為出身低微的翟女所生。子卿回答，「天所授，雖賤必貴」，這是上蒼所賜，縱身分低微，也定會使趙氏騰達。

聽信相士之言，被認為是趙簡子放棄嫡長子趙伯魯而改立趙毋恤的重要依據。但究其真相，很有可能是精明的趙簡子為壓制異議、增強籌碼，而與相士預先密設的圈套。

事實上，趙簡子在此前很久就已屬意毋恤，並做過巧妙考察，就是將「訓誡之辭」書於兩份簡策，據稱有「節用聽聰，敬賢勿慢，使能勿賤」等內容，交付伯魯與毋恤，囑咐「謹識之」。可三年後再問，伯魯不僅說不上「訓誡之辭」內容有什麼，簡策也「已失之」；毋恤則回答「甚習」，非常清楚，還將簡策常存「袖中」、隨時溫習。後來，趙簡子又出了道難題，稱「吾藏寶符於常山上，先得者賞」，「諸子」就跑到常山尋寶，但均無所得，唯毋恤言「已得符也」。趙簡子問符之所在，毋恤回答，「從常山上臨代，代可取也」，常山即北嶽恆山，意思就是從恆山居高臨下動手，即可將「代」地順利拿下。在卿族彼此爭奪、兼併激烈的當時，能有如此識見，無疑就是「一寶」。因此，趙簡子斷然決定廢伯魯而改立毋恤為世子。

那麼，毋恤的母親，即那位「翟婢」是誰？考據「翟」地位置，大約應在今山西緊臨黃河的鄉寧、河津、吉縣一帶。這樣的話，在傳為西漢劉向所輯《列女傳》中，有一段文字就似乎可供聯想：

趙簡子某次舉兵「伐楚」，與黃河邊守渡口的「津吏」指定了過河日期，到達後「津吏」卻喝得大醉不醒，趙簡子盛怒「欲殺之」。「津吏」的女兒女娟遂請求道，我父聞知「主君」渡河，「恐風波之起」、有所不測，故「供具備禮」以「禱祀九江三淮」水神保佑，因「杯酌餘瀝」，不慎醉倒，我「願以鄙軀易父之死」。趙簡子說「非妳罪」，仍要殺其父。女娟又答，我父「尚醉」，就是殺了他，也「身之不知痛，而心不知罪」，待其「醒而殺之」可否？女娟機敏的應對，令趙簡子大為驚嘆，於是釋放了「津吏」，不再治罪。

及至渡河時，扳船者恰少一人，女娟卷袖請代。趙簡子拒絕，稱出兵打仗「不與婦人同舟而渡也」。女娟反駁道，當年商湯「伐夏」、周武王「伐殷」，車駕均用過雌馬，怎麼都勝了呢？趙簡子無言以對，只有「許之」。行至中流，女娟隨口就唱起了船歌：

升彼河兮而觀清，水揚波兮冒冥冥。
禱求福兮醉不醒，誅將加兮妾心驚。

罰既釋兮瀆乃清，妾持楫兮操其維。

蛟龍助兮主將歸，呼來棹兮行勿疑。

這首船歌也被後世稱為「河激之歌」。其中「升」有登臨之意，「維」指船繩，「棹」指船槳，或作動詞表示划船。此歌也可以譯成這樣的白話：

登船渡河看一路清水清清，

起落飛騰的浪花浩渺迷濛。

為祈禱求福卻喝得一醉難起，

殺身的大禍真教人戰戰兢兢。

赦免了罪責、寬恕了不敬，

就讓我替您搖起長槳、掌穩纜繩。

想蛟龍也會助主公凱旋，

喚我來扳船，盡可以放心。

女娟的聰穎顯然打動了趙簡子，故欲「納之」。但女娟表示，「婦人之禮，非媒不嫁」，我有父母，「不敢聞命」，決然離去。趙簡子越發敬重，歸來後就鄭重「納幣」求婚。這位女娟是趙簡子唯一古籍有記載的夫人，其「賢行」後世詩文中多有讚頌。

如此，可不可以假設毋恤之母就是出身低微的女娟呢？趙簡子謂其「翟婢」，應只是一種謙稱，而未必特指婢女。這樣的推斷或許不一定對，但也提供了一種歷史的可能性，其結論只有見仁見智了。

二　人格迥別的「雙雄」鋪墊著家國命運的未來

西元前四七五年趙簡子故世，趙毋恤繼位為家族首領。因毋恤故世後諡號為「襄」，史書多以趙襄子稱之。與此同時，智躒之孫、被史家常稱為智伯的智瑤成為晉國正卿。同年晉定公故世，其子晉出公繼位。

趙襄子與智伯的年齡大體相當，初接任時應該都是三十餘歲，且都是才資出眾、心志極高、不甘示弱的角色，稱得上是一對勢不兩立的「雙雄」。其後數十年間，兩人的明爭暗鬥，幾乎構成末季晉國在消逝前夕最炫目的篇章，也一步一步鋪墊著家族以及國家命運的未來。

據說趙襄子其貌不揚，形象欠佳，早年卑微的庶子身分，也可能使其精神壓抑，人格不免偏異，但一定程度上卻也磨練出其人獨到的權謀才幹與高超的應變伎倆。所以趙襄子個性沉鬱內斂，能忍辱、善偽飾、會藏鋒，能屈能伸、或陰或陽，均可操縱自如，更不乏骨子裡的冷漠、狡詐與歹毒。

趙簡子剛死，位於今河南鄭州東部的中牟就叛變，倒向齊國，趙襄子遂在安葬其父五天後，發兵征討。可到達後、尚未開始攻擊，中牟的城牆就坍塌了一個三十多公尺的大缺口，這時趙襄子卻下令收兵。有人諫言，其城「自壞，是天助我」，「何故去之」？趙襄子卻說，「君子不乘人於利，不迫人於險」，先讓他們修城，我們待其修好，「而後攻之」。結果「中牟聞其義」，反倒轉而「請降」。老子李耳還以此為據，給出了一個自家學說的觀點，即「夫唯不爭，故天下莫能與之爭」。

實際上，趙襄子此舉不過是明知中牟必敗所玩弄的一個贏取人心的招數。到了真正利益攸關之時，其人不僅不會不爭，鬥爭的手法甚至更加駭人聽聞。最為典型的一例，就是其殺害自己的姐夫，奪取代國。

代國是一個古老的小小封國，位於今山西北部，一直希望北擴的趙氏，早已垂涎。否則，趙簡子為什麼會對「從常山上臨代，代可取也」這樣的陳述非常認同、視為至寶呢？但趙簡子的女兒恰恰是代國君主的夫人，畢竟還得留點情面。而趙襄子卻在葬父後不久，喪服未除，就前往位於今山西代縣東北的夏屋山，邀請代君會面。事先襄子進行了祕密布置，準備一個斟酒的「大金斗」，幾百名「舞者」均「置兵其羽中」，在羽服、羽扇中暗藏了兵器。代君到達後，襄子謙恭接待，眾人「酒酣」之時，裝作獻食的「廚人」卻突然用斗狠擊代君，頓使其「腦塗地」斃命，眾「舞者」也「操兵以鬥」，「盡殺」代君隨從。接著，趙襄子「以代君之車」去迎其姐返國，其姐「泣而呼天」拒絕，用束髮簪子「磨笄自刺而死」，後此處被稱為「磨笄之山」。隨即趙襄子迅速「興兵平代」，將代國收為自己的領地。

如此作為，心狠手辣、殘酷無情，也不免有點卑劣。只是，在那個弱肉強食、肆無忌憚、荼毒殺戮司空見慣的時代，或許唯有具備這般本領，才足以擔當大任，在血淋淋的生死搏擊中笑到最後。

而智伯與趙襄子則迥然不同，智伯「美鬢長大」、「射御足力」、「技藝畢給」、「巧文辯惠」、「強毅果敢」，就是說身材偉岸，懸一臉漂亮的絡腮鬍，射箭、騎馬、駕車都很出色，精通多種技藝，善於辭令，敏於思辨，處理問題堅毅果斷。其出任正卿後，也極力想為晉國的復興做出自己的貢獻。

西元前四七二年，智伯率晉軍，實即幾家卿族的聯軍「伐齊」，一直攻入齊國境內。齊國出兵抵禦，兩軍尚未對壘時，智伯先行前往觀察，這時其坐騎突然受驚奔跑，隨從急忙阻攔。但智伯稱「齊人知余旗」，已看到我的將旗，如退回，還以為我膽怯，必須前進，故一直飛馳到齊軍壁壘前，才從容而去。不日雙方「戰於犁丘」，智伯的戰車奮勇當先，衝殺在前，智伯還親手擒獲了齊國的將領顏庚，很快就使「齊師敗績」。

後來，智伯計劃「伐衛」，就先送衛國「野馬四，白璧一」以麻痺之，「衛君大悅」。但大夫南文子進諫，這些本該是我們小國奉送之禮，其「大國致之」，會不會有什麼陰謀？衛君乃有所悟，而通告邊境布防。智伯兵至時，發現有軍備，只好返回。不久，智伯又假充其子犯罪流放，請求過路衛國，到時擬以暗藏兵士偷襲。南文子再建言，智伯深愛其子，有什麼大罪會遠逐外地？因此務須警惕，若晉國「車過五乘」，就應拒其入內。

智伯知「衛有賢人」已經識破其計，遂停止行動。

有一次，智伯「將伐仇猶」，「仇猶」在今山西盂縣一帶，但發現「道難不通」。智伯即鑄一尊巨鐘，請送「仇猶之君」，其君大喜，就令開路運入。有臣下力勸「不可」，稱雖有小得，卻難避後患，其君不聽。果然在開路迎回巨鐘不久，智伯的兵馬即到，未及數月，就使「仇猶亡矣」。

這些事情均可說明，智伯也算得上是一位足智多謀、智勇雙全的人物。可惜的是，其人個性外向，說話率意，脾氣急躁，自視甚高，也有點剛愎驕橫，諸多場合每每肆無忌憚，為所欲為，盛氣凌人。以對當政者的要求來看，其在理性修養方面，存在著相當大的缺陷。

西元前四六四年，智伯「帥師圍鄭」，鄭國瞄準智伯的弱點，與之慢慢周旋，還俘虜並殺死了智伯手下的猛將酅魁壘。智伯大怒，下令強攻城門，對著趙襄子吼道：「入之」，給我向進打！趙襄子不想消耗實力，就抵制道：「主在此」，有你主帥還用得到我嗎？智伯勃然大怒，即刻吼道：「惡而無勇，何以為子？」，看你這醜模樣，又這樣膽小，趙家怎麼培養了你這麼個當家人？趙襄子也毫不客氣地回答，因我「能忍恥」，受得了你罵，「無害趙宗」。從此，兩人也結下了深深的仇怨。

有一次，還是在討伐鄭國時，眾將一同舉杯共飲。智伯以酒強灌趙襄子，趙襄子或許有些不屑，遂予拒絕。「智伯醉而怒」，操起酒斗就甩了過去，致趙襄子「面傷出血」。其部下憤憤不平，「請死之」，以「攻智伯」，趙襄子卻說「此小恥，吾姑忍之」，但心中無疑已恨透了智伯。

而最終，還是人格決定了命運，情商欠佳的智伯徹底敗在了城府極深的趙襄子手下。

三　智伯的連番索地與趙襄子的堅決抗拒

范氏、中行氏覆滅後，其所屬土地依照法理，歸入晉國公室。可到了西元前四五八年，智伯卻與趙氏、韓氏、魏氏共同策動，準備將其劃成縣邑管理，實際上等於被他們瓜分。一直忍氣吞聲的晉出公非常生氣，又因自己無能為力，就祕密派人前往齊國、魯國求助，希望搬兵「以伐四卿」。但消息很快洩露，「四卿」先發制人，「反攻出公」，出公不是其對手，只好跑到齊國，直至客死他鄉，成為晉國唯一在位出逃的國君，故世後遂獲得了「出」這樣一個意味深長的諡號。

出公走後，對晉國國君該由誰繼位，「四卿」曾有分歧，最終強悍的智伯占據上風，將其好友之子、晉昭公曾孫擁立為君，是為晉哀公。此後，晉國「國政皆決智伯」，哀公完全聽任擺布，對其唯命是從，智氏超越趙氏，成為晉國最有實力的卿族。

獲得如此優勢後，智伯更加志得意滿、目中無人，常不免忘乎所以，恣意妄為。有一次，智伯與韓氏、魏氏首領韓虎韓康子、魏駒魏桓子聚宴「藍臺」，其間智伯曾「戲韓康子而侮段規」。段規是韓氏心腹輔臣，智伯是如何「戲」、如何「侮」兩人的，正史記載不詳，野史中則有這樣的描述：

在彼此對飲之際，智伯命左右取出畫卷一軸，繪的是魯國勇士卞莊子一人刺三虎之事，還有「三虎啖羊，勢在必爭；其鬥可俟，其倦可乘；一舉兼收，卞莊之能」的題贊，智伯就指著畫對韓虎說，「列國中與足下同名者」，齊國有高虎、鄭國有罕虎，「與足下而三矣」，這話大概就算戲弄了。於是陪席的段規起而進言，「禮不呼名，懼觸諱也」，今「君之戲吾主，毋乃甚乎？」，玩笑是不是過分了？段規身材矮小，只及智伯腋下，智伯遂以手拍其頭頂道，「小兒何知，亦來饒舌？三虎所啖之餘，得非汝耶？」吃剩下的，不就是你嗎？說罷，哈哈大笑。段規再不敢還口，只好轉望韓虎求助，韓虎卻「佯醉」，裝著糊裡糊塗地說著「智伯之言是也」，後即恭敬告辭。

以智伯個性而言，此舉也許僅為調侃，可畢竟隨心所欲，恃強凌弱，頗失體統，極易開罪他人，無形樹敵。因此，智氏中有人擔憂，勸其注意，以免引禍上身。智伯卻回答「難將由我」，有難無難在我，「我不為難，誰敢興之？」無視他人告誡，根本「弗聽」。不過，鑑於史書對智伯往往貶斥過度，有些內容未必可靠。如果智伯真如此霸道，其飛揚跋扈得也確實太出格了。

三　智伯的連番索地與趙襄子的堅決抗拒

西元前四五五年，智伯提出一個要求，就是「四卿」各獻部分土地歸於國君，以便壯大國家實力，重謀霸業。這理由雖然冠冕堂皇，智伯或者也真有這樣的雄心壯志，據稱自己還帶頭獻出土地。但因其完全操縱著哀公，甚至有企圖「欲盡並晉」、而自立為君之說，故史家多認定這只是智伯削弱其他「三卿」的一種戰術。

智伯首先「請地」的是韓虎，韓虎不想答應，可是段規建議，稱智伯「好利而愎」，如「不與」必「將伐我」，「不如與之」，縱其驕氣，就「必請於他人」，他人如不給智伯，「必向之以兵」，我們即可「免於患」並「待事之變」、伺機而動。韓虎深感有理，就畫出「萬家之邑」圖卷，派人送上。而後，智伯又「求地」於魏駒，魏駒當然也不願意，其謀臣任章諫言，智伯「無故索地，諸大夫必懼」，且「與之地」則其「必驕」，「彼驕而輕敵」，大家更會因「懼而相親」，智伯定將孤立，「命必不長矣」。魏駒依計，也把「萬家之邑」奉出。

韓氏、魏氏的恭順，使智伯越發膽壯，就向趙氏指名索要「蔡皋狼之地」。這個地點具體在何處，有幾種說法，範圍或許比韓氏、魏氏的還大。趙襄子卻堅決抗拒，稱「土地乃先世所傳，安敢棄之？」為此智伯震怒，就率領智氏人馬，以「三分其地」為許諾，令韓氏、魏氏一道起兵攻擊趙氏，矛頭直指位於今山西河津一帶、趙氏最初受封的「耿」地，意圖一舉將趙襄子拿下。

此時，趙氏軍力分散，難以進行有效反擊，「耿」地也不利於防守，故趙襄子只有避禍遠走。但該退到哪裡呢？有家臣主張到長子，即今山西長子縣，說那裡「城厚完」，城牆堅實。有家臣主張到邯鄲，說那裡「倉庫實」，給養充足。可是趙襄子認為，為修築與守護長子城，曾耗費大量人力、財力，為奪取邯鄲，死亡了無數百姓，這兩地民眾「其誰與我？」，誰會真心向著我呢？於是，襄子最終決定退避到當時並不起眼的小城晉陽。

四　精明家臣的未雨綢繆與晉陽城的勝負突變

趙襄子決定前往晉陽，其實並非匆促動議，而是有既定因果的最恰當選擇。

首先，四十多年前，董安于修建的晉陽城，城池相當堅實，還將宮廷的牆垣皆以「荻蒿楛楚」，即荊條、葦稈等填塞，宮室「皆以煉銅為柱質」，實際上就是儲備了製造弓箭的充足資源。其次，董安于為挽救趙氏聲名自殺後，趙簡子委派年輕的尹鐸管理晉陽。尹鐸行前請示：「以為繭絲乎？抑為保鄣乎？」「鄣」指防禦功能強大的城堡。尹鐸所問的意思是：如果要把晉陽當作只管抽取的「繭絲」，我就去剝削壓榨；如果要使其成為牢靠的根據地，那就另當別論。趙簡子回答：「保鄣哉」。所以，尹鐸上任後，當即「損其戶數」，盡量核減百姓應交的賦稅，極力寬免百姓負擔，厚恤民眾，籠絡人心，同時繼續增益城池，完善工事，充實物資儲備。

當年范氏、中行氏進攻晉陽時，為圍困城內軍民，而環城構築過一些壁壘。趙簡子曾囑咐尹鐸務必將其拆除，否則一看到就會想到中行寅與范吉射，觸景生「氣」。而尹鐸覺得，這些壁壘能強化晉陽城防，故不僅未拆，還將其加高、加固。後趙簡子巡視晉陽，發現此情景大怒，認為尹鐸是有意抗命，竟喊道：「必殺鐸也而後入」，即定殺尹鐸我才進城！但隨從家臣痛陳利弊，力勸之，趙簡子頃刻醒悟，愧言：「吾幾不為人矣」，我差點做了不像人的事啊！乃厚賞尹鐸。後又經其在晉陽的親眼考察，趙簡子終於領略董安于的遠見與尹鐸的高明。故臨終之際，即鄭重叮嚀趙襄子，如一旦「有難」，切記「無以尹鐸為少，無以晉陽為遠」，而「必以為歸」，千萬要到那裡去。

趙襄子到達晉陽後，即刻「行城郭，案府庫，視倉廩」，認真檢查，更覺得「城郭之完，府庫足用，倉廩實矣」，民心也頗「親附」，兩位精明家臣的未雨綢繆，委實可貴。於是，下令將宮廷牆垣的荊條、葦稈等取出製作箭杆，將銅柱熔鑄後製成箭頭，充分保證了守城武器的源源不斷。

這樣，智伯帶領三家軍隊屢屢發動猛攻，均遭強力抵抗而難以攻克。直到一年多後的西元前四五三年春，晉陽城仍巋然不動。相持無解之際，智伯想出一個最終自食其果的「水攻」法。

晉陽城西有座龍山，龍山發源的晉水從城南匯入汾河。智伯就令人築壩、截斷晉水，再從半山腰開一條堤堰高高的管道，將水引入城邊，不斷積聚。而後對著城決堤，讓奔騰的流水繞城湧去，以破壞城牆，尋找攻擊缺口。果然，沒幾天水就漫近城頭，漸漸灌入城內，遍地皆成水窪，乃至「沉灶產蛙」，灶臺被淹沒成蛤蟆的家，不少百姓「巢居」於樹，吊鍋「而炊」，但卻「民無叛意」，依然固守。只是，眼看「財食將盡，士卒病羸」，趙襄子也在與家臣苦苦謀劃如何退敵，最後決定派說客張孟談「縋城而出」，沿城牆懸繩吊下，祕密策動韓氏、魏氏倒戈，一道合攻智伯。

而這邊，望著危在旦夕的孤城，躊躇滿志的智伯又有點得意忘形了。與韓虎、魏駒駕車觀看水情時，居然毫無掩飾地說：「吾乃今知，水可以亡人國也」。兩人聽罷暗暗驚駭，水可淹掉晉陽、滅趙氏，不同樣也可淹掉我們的據點城池而滅之嗎？於是，魏駒捅了韓虎一肘子，韓虎踩了下魏駒的腳背，一種兔死狐悲之感油然而生。其間，曾有謀士提醒智伯，晉陽城陷在即，但韓、魏「二子無喜志，有憂色」，故恐懷異志，要防其變卦反叛。智伯不僅不聽，還將此事轉告韓虎、魏駒，兩人力辯並無異志，心中則越覺不安。智伯的這些舉動，極易離心盟友，丟失信任，埋下無形禍根，可其人卻依舊盲目樂觀，疏於警惕。

恰在此時，張孟談已悄悄潛來，以「脣亡則齒寒」為喻，分別向韓虎、魏駒反覆痛陳利弊，極言「趙亡則韓、魏為之次」，韓、魏照樣逃不掉，終於使兩人下定背叛的決心，晉陽決戰的勝負軌跡瞬間突變。然後，按照商定計畫，韓氏、魏氏深夜發起偷襲，殺掉守護官兵，將堤堰對著智氏軍營決口，趁其「救水而亂」之時，趙氏人馬打開城門衝出，三家多面夾攻，智氏很快潰不成軍。結果智伯被殺，不少族人慘遭屠戮。但智伯之子（或為其弟）智開等仍率部抗擊一年多，最終逃奔秦國，隨後「三家分智氏之田」。

關於智伯，歷來負面評價頗多，《左傳》中最早出現「愎而好勝」與「貪而愎」之說。《國語》中則稱，在智伯被立為家族首領時，同族中就有謂其「心狠」、「不仁」而強烈反對者，並預言若立之，「智宗必滅」。再而後，司馬光《資治通鑑》中，更將其定為「才有餘而德不足，以至於顛覆」的「亂臣」、「敗子」。歷代陳陳相因，幾成定論。

然而，說智伯「愎」或「好勝」也許尚可，說其「貪」的唯一依據，就是向三家要地了。可智伯如此理直氣壯，是不是也的確有著整合國力、重謀霸業的急切動機呢？就算是純為家族謀利，那麼趙簡子盡占邯鄲與柏人之地、趙襄子殘酷奪取代國，難道不是「貪」嗎？「三家分智氏之田」不是「貪」嗎？彼時的卿族豪門不「貪」者又有幾多？再說智伯之「心狠」與「不仁」，現存所有資料均無法為之提供實例來證明，卻足可證明趙襄子遠遠過之。特別是，智伯死後，趙襄子竟將其頭蓋骨塗上厚漆做成「飲器」，甚至有「溲器」，即便盆之說。如此褻瀆屍身，欺凌逝者，無疑是喪盡天良的卑劣行徑。

所以，某些史家簡單的是非判斷，不見得就是最公正的結論，智伯的失敗絕非道德、道義的失敗，充其量也只是手腕、伎倆以至情商差距的失敗。某種意義上來說，智伯就是一齣歷史悲劇的不幸主角，或者也算得上是位功虧一簣的英雄。

五　光昭千秋的悲情壯舉豫讓復仇

智伯死後，家族淪亡，部屬倖存者也均皆四散無蹤。可有位家臣豫讓則不然，進而留下了一樁令人感嘆唏噓，且已光昭千秋的悲情壯舉。

豫讓是晉國俠士畢陽之孫，曾做過范氏、中行氏門客，一直「無所知名」，後改投智伯，甚獲「尊寵」。故智伯被殺，令其非常痛心，嘆曰：「嗟乎！士為知己者死，女為悅己者容」，留下了兩句千古名言，決計「必為報仇」，縱死「吾魂魄不愧矣」。於是，就扮成塗飾廁所的刑隸，暗藏匕首，混進趙襄子府邸行刺，結果被識破。府中人「欲誅之」，趙襄子卻認為，豫讓能這樣事主，「義人也」，算條好漢，「吾謹避之」，我今後小心就是，竟網開一面、將其釋放。

此後，豫讓並未甘休，而是「漆身為癩，吞炭為啞」，將漆抹在身上生滿了瘡，咽下熱炭把嗓子燒啞，毀容變音後，「行乞於市」試探，竟使「其妻不識」，又去見「其友」，始被「識之」。其友泣淚勸誡，「以子之才」，如果「臣事襄子」，「乃為所欲」，你想做什麼做不成？何必「殘身苦形」，做這難成之事？豫讓回答，我知「為者極難」，但「所以為此者」，「將以愧天下後世之為人臣懷貳心以事其君者也」，就是說要給後世侍奉君王不忠的人，樹立一個使之臉紅的榜樣，乃告別而去。

不久，豫讓獲知趙襄子外出，就埋伏到其必過的一座橋下，準備再次行刺。可惜趙襄子到橋頭時，坐騎突然驚起，豫讓又被發現。對豫讓如此玩命的行為，趙襄子有些不解，就問道，你「嘗事范、中行氏」，他們被「智伯盡滅之」，你無動於衷，反而「委質臣於智伯」。為什麼智伯被殺，卻這樣「報仇之深」呢？豫讓回答，「范、中行氏皆眾人遇我」，把我當一般人看待，故我也以「眾人報之」；智伯以「國士遇我」、非常尊重，因此我以「國士報之」。

趙襄子聽罷，感慨良多，竟「嘆息而泣」曰，「嗟乎豫子」，好樣的豫君啊！但「子之為智伯名既成矣」，「寡人赦子」一次「亦已足矣」，故「不復釋子」，這次不能再放過閣下了，遂命甲士將其捉拿。豫讓未反抗、也沒有逃跑，卻提出一個奇特的要求，「願請君之衣而擊之」，「以致報仇之意，則雖死不恨」。襄子還真的答應了，脫下衣服令人遞了過去，豫讓「拔劍三躍而擊之」，跳起來狠狠砍了三下，長呼一聲「吾今可以報智伯於地下矣」，然後伏劍自盡，諸多「志士聞之皆為涕泣」。

殺不了活人用衣服出氣，彷彿有點滿足幻想的意味。然而，豫讓畢竟也為了一個目標、為了一個信念，死不旋踵了；畢竟也為了一個尊重自己、禮遇自己的人義無反顧了。何況，豫讓是默默行事，是悄悄行動，豫讓似乎並不想當一個流芳百世的豫讓，而只想做一個捨生取義的豫讓。那麼，在其坦然向死之前，求這麼一點慰藉，又何足道哉？

豫讓謀刺趙襄子的那座橋，被後人稱為豫讓橋，又名赤橋。今太原晉祠附近仍有赤橋村、豫讓橋的遺跡存在。歷代為豫讓謳頌吟詠者不勝枚舉，其中唯一的狀元留詩、明神宗萬曆二年（一五七四）金榜奪魁的孫繼皋所賦〈豫讓橋〉，就稱得上是一篇蒼勁悲慨的拔尖佳作。詩曰：

西風肅肅水蕭蕭，千古人稱豫讓橋。
死去肝腸明白日，生前俠烈動青霄。
肯令友識心偏苦，請得君衣恨未消。
多少臨流國士淚，忠魂寂寞不堪招。

孫繼皋出身於貧寒鄉醫之家，中狀元後官至吏部侍郎，但仕途並不如意，因勇於直諫，觸怒神宗，未及知命之年，即「辭印」歸休，於家鄉無錫著名的東林書院講學。故其詩中，似乎也隱隱抒發觸景生情的自身感傷。可以譯讀如下：

西風是肅肅流水也是蕭蕭，
千古稱道的就是這豫讓橋。
毅然赴死的赤誠天日可鑑，
生前的俠烈浩氣驚駭了雲霄。
毀容復仇的苦心僅可以傾訴摯友，
請來仇家的長衣砍破了恨也難消。
有多少仁人志士灑淚於此，
卻可惜一去不復的忠魂寂然難招。

歲月悠悠，昔人去矣，豫讓的身影早已消逝於時間的長河之中。而無論如何，在世風日下、人心不古的後世，在一個浮躁遞增、敦厚銳減；圓通遞增、誠直銳減；委瑣遞增、剛方銳減；怯懦遞增、堅貞銳減的世界，在精緻利己主義已成為常規性的病態流傳之時，人們或許更需要呼喚一點崇高，吸納一些正氣，甚至需要培植幾許成仁取義、捨生忘死的膽識。凡夫俗子可能無力企及，也無須踐行，但至少應該有一個深明是非、洞悉善惡的心靈標杆。所以，豫讓復仇的精神光華應該不朽，山西尤其不應該忘卻這位可欽可敬的先賢。

六　晉國的解體與「趙卿墓」展示的晚歲斑斕

晉陽的決戰，使趙氏家族絕處逢生，化險為夷。晉陽的決戰，是晉國卿族最後一次滅族之戰，也是導致晉國最終解體的奠基之戰、啟動之戰、關鍵之戰。

西元前四三四年哀公故世，其子晉幽公繼位。這時除都城與宗廟所在的曲沃外，晉國土地已均為趙氏、魏氏、韓氏兼併，「三卿」實際已完全獨立，心懷畏懼的幽公，反而要去拜見他們。西元前四一六年，幽公夜出都門私會婦人，被強盜殺害，其子晉烈公繼位。西元前四〇三年，周天子將「三卿」冊封為與烈公地位平等的諸侯，趙、韓、魏三國正式建立。烈公故世後，晉國名義上又傳了孝公、靜公兩代。西元前三七六年，晉靜公被廢為庶民，遷到位於今山西沁水縣的端氏居住，繼又轉往屯留，即今山西屯留縣，所餘土地也被趙、韓、魏瓜分。至此，「三家分晉」徹底完成，泱泱晉國終於落下了沉重的帷幕。

其後，這三國進一步向中原拓進發展。趙國從晉陽起步，繼遷中牟，在今河南鶴壁，西元前三八六年正式定都邯鄲。韓國從平陽，即今山西臨汾市遷出，西元前三七五年滅掉鄭國，將其都城更名為新鄭，定都此地，在今河南鄭州。魏國也從安邑，即今山西夏縣遷出，西元前三六四年定都大梁，即今河南開封。中國歷史的新篇章自此掀開，步入了趙、魏、韓、秦、楚、齊、燕七強爭雄的戰國時代。

有幸的是，正如「晉侯墓地」的出土，為晉國早期的璀璨提供精彩實物一樣，一九八七年一座春秋大墓的發現，則以其耀眼的遺留文物，展示了晉國晚歲的斑斕。

這座大墓位於太原市晉陽古城遺址附近，東西長十一公尺，南北寬九點二公尺。其隨葬車馬坑，車坑與馬坑呈曲尺狀排列，東西長十四點八公尺，南北寬十二點六公尺。大墓的墓室面積將近四十平方公尺，一槨三棺共四重，棺中以朱砂鋪底。墓主七十歲左右，口含玉塊，全身覆滿玉璜、玉璧、玉圭之類，與瑪瑙、水晶等製品，頸部與手腕、腳腕也戴有瑪瑙、水晶以及珍珠等串成的配飾，身邊堆放著戈、矛、鉞、戟等兵器兩百餘件，與箭鏃五百餘件，腰間佩有四把青銅短劍，劍帶鉤由純金打造，劍格、劍鞘鑲嵌著精緻玉雕，應是墓主生前的愛物。槨邊還有四位殉葬者的棺木，應是墓主的侍妾、樂工或者自殉的家臣。

更可喜的是，大墓從未遭盜，隨葬物品雖有壞損，仍皆存在，出土總數三千四百二十一件。其中，青銅器就有一千四百零二件，包括禮器一百四十八件，列鼎二十七尊，還有華貴的鳥尊、匏壺，盛食品的蓋豆，淋水洗手的匜，觀照臉面的鑑，架設帳篷的物件等，大都擁有古奧的紋飾圖案。此外，玉器有一百一十餘件，以及金器與諸多石器、陶器、蚌器、骨角器等，斑駁陸離，琳瑯滿目，美不勝收。

一尊圓口、束頸、帶耳的牛頭雙身獸蹄狀三足鑊鼎，高九十三公分、口徑一百零二公分、重達兩百二十公斤，為迄今罕見的春秋大鼎，已被擴展仿製，聳立為太原市建城兩千五百年的永久性紀念標識。

一套總計十九枚大小遞減的編鎛，還有十三枚與之匹配的石磬。鎛是春秋晚期始出現的大型打擊樂器，這套編鎛也是中國僅有的出土完整組合，是研究音樂歷史的稀有實物。

一座可移動的小型銅灶，虎形飾紋的半橢圓灶底，四節可拆裝煙囪，配以可蒸可煮的一釜一甑，美觀靈巧，便捷實用，應是高貴墓主專用的戶外炊具，更是此前舉國絕無、首次出土的奇缺寶藏。

大墓的隨葬車馬坑中，共殉馬四十六匹、形制不同的車十六輛，有排場碩大的輅車、尋常坐乘的輕型安車、狩獵專用的田車與戰車，以及鈴鐸、馬勒、轅飾等。古代車輿，即車廂，一般均為方形或長方形，而此墓首車的車輿卻是圓形，墓主之尊貴不言而喻，也同樣屬舉國罕見、首次出土的珍貴、稀少文物。

那麼，大墓的墓主是誰？有專家據內棺中一件短戈的銘文「趙明之禦戈」，將「趙明」釋為「趙孟」，又連結其他資料，推定為趙簡子，但此說並不嚴謹。須知，趙簡子故世於西元前四七五年，而其身為晉國正卿，直至晚年，主要居留處仍在都城或其附近封地，肯定不是晉陽，更不可能故世於此，否則臨終前怎麼會囑咐兒子有難時一定要退到晉陽呢？既然趙簡子不是死在晉陽，死後又怎麼會安葬到幾百里外的這裡呢？且按照周禮，天子喪葬棺槨七重，諸侯五重或四重，大夫三重，即一槨兩棺；趙簡子死時國君雖弱，君臣之分依然鮮明，故其只能按大夫之禮安葬，反之必惹公憤，對自身有害無益，新任正卿智伯也不會允許。所以，這座一槨三棺的諸侯級四重大墓，絕非趙簡子所有。

事實上，該墓主最大的可能，應該屬於趙襄子。因為智氏滅亡後，晉國已無當權正卿，獨立的「三卿」各自為政，晉陽就成為趙襄子的大本營與常居之處，而在其故世兩年後，即西元前四二三年，繼位者即遷到中牟。由此可見，趙襄子死於晉陽無疑，其他趙氏首領則概無第二。還有，趙襄子死時晉國已名存實亡，其人雖未封諸侯，地位卻幾近等同，僭越禮制以一槨三棺安葬，自然再無顧忌。所以，墓主非其，還能是誰？後來，相關學界人士為了穩妥無訛，遂將其正式命名為「晉國趙卿墓」。

精湛絕倫的遠古技藝，蔚為大觀的文物品類，充分顯示晉國卿族軍政生涯的文華武威，以及私人生活的侈麗豪奢，也似在訴說製作者的智慧與艱辛，展現出遠古坊市五行八作的迷離影像，令人不免浮想聯翩，為那恍若海市蜃樓般的幻覺，那虛無縹緲中隱約的熱鬧而感慨；而肅然起敬；而萌生如絲如縷的思古幽情。

輝煌故國，青史雄峙六百年；顯赫餘蹤，浩歌飛漾三千載。

如今，人類文明的畫卷正在不斷掀動著嶄新的頁碼，日新月異的世界或許會出現更多的奇蹟。然而，那曾經出擊於三晉大地的金戈鐵馬、血影刀光；那遙遙遠去的縱橫捭闔、脣槍舌劍、暗鬥明爭；那曾經的鐘鳴鼎食、燈紅酒綠、曼舞輕歌；那道不盡的風雲起落，說不完的生死歌哭，理不清的是非成敗，卻必將永遠閃爍在歷史的畫廊，也彷彿一系列悲喜錯雜的浮雕，為後來的仰望者留下了多少驚駭、多少嘆惋，留下了多少敬畏，乃至以此為鑑的深深思索⋯⋯

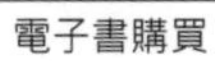
電子書購買

爽讀 APP

國家圖書館出版品預行編目資料

超「晉」爆晉國史！流亡重耳 × 霸業復興 × 孤兒傳奇 × 亡國靡音，從剪桐封國到獨霸一方，開啟晉國金戈鐵馬的斑斕史詩！ / 張恆 著. -- 第一版. -- 臺北市：崧燁文化事業有限公司, 2024.01
面； 公分
POD 版
ISBN 978-626-357-879-1(平裝)
1.CST: 晉史 2.CST: 通俗史話
623.1　　112020736

超「晉」爆晉國史！流亡重耳 × 霸業復興 × 孤兒傳奇 × 亡國靡音，從剪桐封國到獨霸一方，開啟晉國金戈鐵馬的斑斕史詩！

臉書

作　　者：張恆
發 行 人：黃振庭
出 版 者：崧燁文化事業有限公司
發 行 者：崧燁文化事業有限公司

E-mail：sonbookservice@gmail.com
粉 絲 頁：https://www.facebook.com/sonbookss/
網　　址：https://sonbook.net/
地　　址：台北市中正區重慶南路一段六十一號八樓 815 室
Rm. 815, 8F., No.61, Sec. 1, Chongqing S. Rd., Zhongzheng Dist., Taipei City 100, Taiwan
電　　話：(02) 2370-3310　　　**傳　　真**：(02) 2388-1990

印　　刷：京峯數位服務有限公司
律師顧問：廣華律師事務所 張珮琦律師

定　　價： 375 元
發行日期： 2024 年 01 月第一版
◎本書以 POD 印製
Design Assets from Freepik.com